KiWi
1645

Das Buch

Tom Sanders hat es geschafft: Sein Selbsthilfebuch „Einfach leben" ist ein internationaler Bestseller und ermöglicht ihm und seiner Familie ein Leben in Luxus und großer Selbstzufriedenheit. Doch dann steht während einer Geburtstagsfeier auf einmal Schwiegertochter Hanna mit einer geschwollenen Wange vor der Tür und behauptet, Toms Sohn Stefan habe sie geschlagen. Tom verspricht, sich der Sache anzunehmen und mit seinem Sohn zu reden. Mit welchem Erfolg und welchen Mitteln er, der große Lebenshilfe-Ratgeber, diese Situation löst, davon erzählt dieses wunderbar böse und urkomische Buch. Es bietet diese einzigartige Mischung aus bitterböser Komik und pointierter Gesellschaftsanalyse, verbunden mit tiefer Menschenkenntnis, die Herman Koch international berühmt gemacht hat.

Der Autor

Herman Koch, geboren 1953 in Arnhem, hatte seinen internationalen Durchbruch mit dem Roman »Angerichtet« (2010), der in 37 Sprachen übersetzt und in vielen Ländern auf der Bestsellerliste stand, auf der SPIEGEL-Bestsellerliste genauso wie in den Top Ten der New York Times. »Angerichtet« wurde außerdem unter dem Titel »The Dinner« mit Richard Gere und Laura Linney fürs Kino verfilmt. Bei Kiepenheuer & Witsch erschien zuletzt Herman Kochs Roman »Der Graben«.

Die Übersetzer

Christiane Kuby, 1952 geboren, lebt seit 1970 in Amsterdam und arbeitet seit 1997 als Übersetzerin aus dem Niederländischen. Für ihre Übersetzung von Erwin Mortiers »Götterschlaf« erhielt sie 2012 den Else-Otten-Preis.

Herbert Post, geboren 1947 lebt seit 1973 in Amsterdam, arbeitete als Bibliothekar und übersetzt seit 1997 gemeinsam mit Christiane Kuby Sachbücher und Belletristik aus dem Niederländischen, u.a. Josha Zwaans »Parnassia« und Kader Abdolahs »Die Krähe«..

Herman Koch

Einfach leben

Roman

Aus dem Niederländischen
von Christiane Kuby
und Herbert Post

Kiepenheuer & Witsch

Für meinen Sohn
Pablo

Die Zeit, die das eine Mal dahinfliegt
wie ein Vogel, schleicht das andere Mal wie
eine Schildkröte – aber angenehmer erscheint
sie nie, als wenn man nicht sagen kann,
ob sie schnell oder langsam verstreicht.

IVAN TURGENEV, *Väter und Söhne*

Ich schreibe Ratgeber.

Sie kennen mich, möchte ich meinen. Von meinem erfolgreichsten Buch, *Einfach leben*, wurden weltweit mehr als vierzig Millionen Exemplare verkauft. Ist dieser Erfolg mir zu Kopf gestiegen? Ja und nein. Kurz nach Erscheinen der 18. Auflage – damals ausschließlich auf Niederländisch; wie lange ist das jetzt schon wieder her! – legte ich mir einen schwarzen Jaguar XF zu. Julia, meine Frau, verzog das Gesicht, wie sie es auch immer tut, wenn ich ihr mitteile, dass am Abend Champions-League-Fußball im Fernsehen läuft und wir daher nicht essen gehen können. »Aber wenn du unbedingt willst, dann vor sechs, denn ich möchte spätestens um acht zurück sein, dann fängt die Vorschau an (…) Morgen Abend? Nein, da ist auch Champions League. Donnerstag Europa League. Freitag! Wie wär's mit Freitag?«

So ein Gesicht. Der Ausdruck änderte sich nicht, als ich ihr die rechte Wagentür aufhielt. Kopfschüttelnd ließ sie sich auf den cremefarbenen Ledersitz sinken. »Ach, Tom, wie schrecklich!«, sagte sie. »Ich trau mich gar nicht. Das passt doch überhaupt nicht zu uns. So sind wir doch nicht.« Die Farbe der Sitze hatte ich auf der Webseite von Jaguar ausgewählt, auf der man jedes Detail und alle Extras selbst angeben kann. Vorderansicht, Seitenansicht – mit dem Cursor hatte ich den Wagen um dreihundertsechzig Grad gedreht. Von den fünfzehn verschiedenen Felgentypen hatte ich die mit den meisten Speichen ausgewählt: ein gleißendes Spinnennetz aus Silberdraht. Ein in weinrotem Nussbaum furniertes Armaturenbrett, das perfekt zur Farbe der Sitze und der dunkelbraunen Innenseite des Dachs passte. Ich war noch bescheiden gewesen. Auf eine Sitzheizung hatte ich verzichtet, genauso wie auf die Möglichkeit, mit einem einfachen Knopfdruck am Lenkrad gegebenenfalls Eis auf den Außenspiegeln schmelzen zu lassen. Dafür hatte ich mich für das Audiosystem von Bower & Wilkins entschieden: ein Subwoofer und vierzehn über den Innenraum verteilte Boxen. Ein »prämiertes« Audiosystem hieß es auf der Webseite. Das beste, das je in einen Wagen eingebaut worden sei. So sind wir doch nicht, sah ich auf Julias Lippen, während ich die Lautstärke, auch direkt vom Lenkrad aus natürlich, voll aufdrehte, und »Now or Never« von den Roots den Jaguar auf seinen Rädern zum Wackeln brachte. In den Häusern zu beiden Seiten der Straße bewegten sich die Gardinen, irgendwo wurde sogar ein Fenster aufgeschoben, jemand lehnte sich weit hinaus, um sich meine neue Errungenschaft ungeniert zu Gemüte zu führen.

Aber meine Frau hatte recht. So waren wir nicht. Auch ich nicht – nicht wirklich. Natürlich fand ich den Wagen wunderbar, es war ein betörend schönes Auto, allein schon das Logo, der silberne Jaguar im Sprung, sein Opfer ein Zebra oder Gazellenjunges. Aber das war nur die eine Seite der Medaille. Wir wohnten damals in einer Parterrewohnung in einer ruhigen Straße. Am liebsten stellte ich den Wagen direkt vor der Haustür ab, sodass ich ihn von meinem Arbeitszimmer aus sehen konnte. Und plötzlich fiel es mir wie Schuppen von den Augen. Ja, es war ein schöner Wagen, aber er war nicht für mich bestimmt. Es war ein Auto, nach dem man sich umschaut, nicht ein Auto, in dem man selbst sitzt und nach dem sich alle anderen umschauen. Durch das Fenster meines Arbeitszimmers betrachtete ich den Jaguar, bei Weitem der schönste Wagen der ganzen Straße. Alle anderen verblassten daneben, aber er war für jemand anderes bestimmt, das war mir jetzt klar. Für einen Minister. Einen Bankdirektor. Oder für einen Rechtsanwalt wie den berüchtigten Bram Moszkowicz! Der fuhr allerdings eine andere Marke. Vor einigen Jahren ging ich eines Nachmittags mit Stefan, meinem jüngsten Sohn, am Singel entlang, als uns kurz hinter der Leidsestraat ein silbergrauer Bentley überholte. Wir sahen ihm nach. Vater und Sohn. Gemeinsam sahen wir alle Spiele von Ajax und Barcelona. Gemeinsam sahen wir allen Lamborghinis, Ferraris, Aston Martins und Jaguars nach. So auch diesem silbergrauen Bentley, der etwa fünfzig Meter vor uns angehalten hatte und langsam rückwärts fuhr. Auf unserer Höhe stoppte er. Das Fenster auf der Beifahrerseite glitt nach unten, und Bram Moszkowicz beugte sich zu uns heraus.

»Darf ich Ihnen meinen Glückwunsch aussprechen?«, sagte er. »Ich komme gerade aus Curaçao zurück, da habe ich Ihr Buch gelesen. Sie haben wirklich alles sehr genau getroffen. Und alles stimmt auch noch, das kann ich Ihnen aufgrund meiner langjährigen Berufserfahrung versichern.«

Es handelte sich um *Bis an die Grenzen der Kriminalität. Auf der Suche nach einem weniger langweiligen Leben.* Ein zu langer Titel. Als das Buch in den Vereinigten Staaten erschien (nach dem Erfolg von *Einfach leben* fingen sie im Ausland an, meine Backlist herauszugeben), änderte der amerikanische Verlag den Titel in *Crime Without Borders* (der Titel *Crime Without Punishment*, an den man anfangs gedacht hatte, war leider schon vergeben). Ich habe das Buch immer als den Vorläufer von *Einfach leben* betrachtet oder besser gesagt: *Kriminalität ohne Grenzen* brachte mich erst auf die Idee.

Nur ein kleiner Teil der Menschheit setzt alles daran, sich selbst ganz zu verwirklichen. Sportler gehören zu dieser Kategorie, Fußballer, Radrennfahrer, Formel-1-Piloten, aber auch Künstler, Schriftsteller, Maler, Komponisten, Rockstars, Rapper, Filmregisseure. Sie begnügen sich nicht mit einem festen Arbeitsplatz; für diese Kategorie ist ein fester Arbeitsplatz die Hölle auf Erden. Das Leben ist zu kurz, um von neun bis fünf Vollzeit aus dem Fenster eines Bürogebäudes zu starren. Den Urlaub mit der Familie auf einem Campingplatz zu verbringen. Zwanzig Jahre vor dem Tod in Rente zu gehen. Die Rente – der zu lange Epilog eines ungelebten Lebens.

Auch Kriminelle gehören zu dieser Sonderklasse. Sowohl den kleinen Einbrecher wie den Auftragskiller treibt das gleiche Adrenalin an. Die Spannung, die der Taschendieb in dem Moment empfindet, wo er seine Hand in die halb offene Damenhandtasche gleiten lässt, ist die gleiche wie die des Stabhochspringers in der einen Sekunde, in der er sich fast schon über die Latte katapultiert hat, aber nicht weiß, ob er sie nicht doch noch zu guter Letzt mit der Ferse abwirft. Der Schwerverbrecher sieht sich ständig um, in einer Kneipe setzt er sich immer mit dem Rücken zur Wand, um die Tür im Auge zu behalten. Bevor er ins Auto steigt, kniet er sich hin und inspiziert die Unterseite seines Wagens – aber dafür lebt er auch intensiv. Jede Minute kann seine letzte sein. Der Auftragskiller atmet unhörbar beim Betreten des Hotelzimmers, in dem sein Opfer in tiefem Schlaf liegt. Wer hätte das gedacht, geht ihm vielleicht durch den Kopf. Dass ich auf dem Gymnasium eine Zwei plus für mein Erdkundereferat über die Einpolderung des Haarlemmermeers bekam und jetzt in einem Hotelzimmer stehe, eine Heckler & Koch mit Schalldämpfer locker in der trotz langjähriger Berufserfahrung noch immer ein wenig klammen Hand.

Das war mein Ausgangspunkt beim Schreiben von *Einfach leben*. Dass auch der Normalbürger ein Anrecht auf seinen Hotelzimmermoment hat, auf den Kneipentisch mit dem Rücken zur Wand, auf ein Leben in dem Bewusstsein, dass jede Minute die letzte sein kann. Und zwar vorzugsweise nicht beim Fallschirm- oder Bungeespringen. Das dauert nämlich sowohl zu lang als auch zu kurz. Erst muss man zum Flugplatz, dann in die Luft, den Fallschirm anlegen, abspringen – und ehe man's sich versieht, ist alles schon wieder vorbei. Nein, es geht auch einfach auf der Couch, auf dem Balkon, in der U-Bahn zur Arbeit. Das ist es, was ich den Normalbürgern – den Menschen ohne Fantasie, wie ich sie unter uns gesagt nenne – mit *Einfach leben* anbieten wollte: ein tragbares Ding, das man nur aufzuklappen braucht, um wieder den gleichen Duft zu schnuppern. Immer und überall ist es möglich: das Leben. Pech gehabt, wenn du die fünfzig schon hinter dir hast und jetzt auf die vergangenen Jahre als verlorene Zeit zurückblicken musst. Aber dieses Reuegefühl hält nicht lange an. Von nun an ist jede Minute wie ein Jahr, man holt die verlorene Zeit schneller ein, als man denkt.

Ist mir der Erfolg zu Kopf gestiegen? Nein. Die Sache mit den Autos hat nichts zu bedeuten. Andere Männer kaufen sich mit fünfzig eine elektrische Gitarre oder pilgern in drei Monaten nach Santiago de Compostela. Ich bin mehr oder weniger normal geblieben. Ich selbst geblieben. »Mir selbst treu«, würde ich beinahe sagen, wenn das nicht eine allzu ausgelutschte Redewendung wäre. Tote Wörter, genauso tot wie »eine Herausforderung« oder wie »sich verletzlich zeigen«. Trotzdem habe ich ein ganzes Buch um diese Wörter herum geschrieben, ohne sie auch nur ein einziges Mal zu verwenden. Als ich *Einfach leben* fertig hatte, habe ich mit der Suchfunktion das ganze Word-Dokument durchgecheckt, obwohl ich mir völlig sicher war. Nirgends habe ich den Lesern den Ratschlag gegeben, »sich treu zu bleiben« oder etwas als »Herausforderung« zu betrachten. »Verletzlich« ist ein fast schon obszönes Wort, wenn man es sich genau überlegt – ein Ding, ein Blütenblatt, ein Insekt, das man zwischen den Fingerspitzen zerreibt.

Trotzdem geht es genau darum im Leben, man muss es nur nicht mit abgenutzten Ausdrücken benennen wollen. »Normal« und »sich normal verhalten« kommen sechsundachtzig beziehungsweise vierundsechzig Mal vor. »Normal« hat in den letzten fünf Jahren eine Metamorphose durchgemacht, und auch »sich normal verhalten« wurde in der Zwischenzeit gründlich abgestaubt – nicht nur von mir.

»Ist dir das nicht sympathisch, dass ich trotz allem so normal geblieben bin?«, frage ich meine Frau manchmal. Trotz des Jaguars XF, will ich damit sagen, den ich nach acht Monaten gegen einen ebenfalls schwarzen Range Rover Sport eingetauscht habe, der viel besser zu mir passt. Trotz der Millionen auf der Bank, trotz unseres Ferienhauses am Deich in Zeeland und trotz des Apartments in Barcelona. Ich frage es mit ironischem Unterton, mit einem Funkeln in den Augen, das ich auf Kommando anknipsen kann. Natürlich meine ich es nicht ernst, will ich mit dem ironischen Unterton und dem Funkeln in den Augen sagen. Nichts ist mehr normal im Leben eines Verfassers von Ratgebern, der auf der ganzen Welt zu Lesungen eingeladen wird. Um sein Rezept, wie man sich das Leben erleichtert, auch live mit seinem Lesepublikum zu teilen. Als würde sein Buch nicht ausreichen.

Ich verrate Ihnen jetzt ein Geheimnis. Der Kern meiner Philosophie, wenn man denn von einer Philosophie sprechen kann, passt auf eine DIN-A4-Seite. Was sage ich? Auf eine halbe DIN-A4-Seite. Er findet sich im Grunde in der Inhaltsangabe. Die Kunst besteht darin, das bisschen auf ein Buch von knapp dreihundert Seiten zu verteilen.

Und das meine ich nicht einmal im negativen Sinn. Diese dreihundert Seiten dienen einem Zweck: Menschen sind eher bereit, € 19,99 für ein Buch hinzublättern als für eine DIN-A4-Seite. Das versteht man unter einem guten Preis-Leistungs-Verhältnis. Außerdem sind die meisten Menschen schwer von Kapee. In *Einfach leben* haue ich immer wieder in die gleiche Kerbe, um meine Botschaft an den Mann zu bringen. In erster Linie indem ich viele Beispiele gebe. Aber wer das ganze Buch gelesen hat (und also schwer von Kapee ist), kann sich danach mit den fünf bis zehn Hauptpunkten begnügen, der ganzen beziehungsweise halben DIN-A4-Seite.

Vielleicht sind Sie nicht schwer von Kapee oder glauben es jedenfalls nicht zu sein – was schon recht viel ist, es ist auf jeden Fall ein Anfang. Für denjenigen, der nicht schwer von Kapee ist, enthält dieses Buch einen zusätzlichen Bonus. Ich habe inzwischen genügend Exemplare von *Einfach leben* verkauft. Vierzig Millionen, wie ich am Anfang bereits sagte, aber in diesem Moment sind es vielleicht schon vierzig Millionen zweihunderttausend. Ich sage das gelegentlich zu meiner Frau, mit dem gleichen ironischen Unterton und dem gleichen Funkeln in den Augen wie bei der Frage, ob es ihr nicht sympathisch sei, dass ich so normal geblieben bin.

»Die Erde dreht sich«, sage ich und räkle mich auf der Couch, die Hände hinter dem Kopf gefaltet. »Irgendwo auf der Welt sind in diesem Moment bestimmt Buchläden geöffnet. Auch wenn ich hier den ganzen Tag liegen bleibe, kommt genug Geld rein, dass wir uns heute Abend einen

Restaurantbesuch leisten können. Was sage ich? Fünfzig! Hundert!«

Ich will damit sagen, dass ich es nicht mehr nötig habe, Geld zu verdienen. Im letzten Jahr stand *Einfach leben* noch auf dem ersten Platz der am häufigsten illegal runtergeladenen Bücher. Sollte mich das beunruhigen? Sollte ich mich in einer Talkshow über diese digitale Piraterie entrüsten? Neulich wollte man in einer der vielen Talkshows meine Meinung dazu hören. (Ich werde nicht verraten, in welcher, um die Leute nicht in Verlegenheit zu bringen.) Ich meinte, so etwas wie Schadenfreude in der Stimme der Redakteurin zu hören, die mich wegen des sogenannten Vorgesprächs anrief. (Das ist auch so was: Sie klingeln dich morgens um neun an und fallen gleich mit der Tür ins Haus, sie erkundigen sich nicht, ob du überhaupt Lust hast, am Abend in der Talkshow deine Aufwartung zu machen, sondern gehen gleich zum Vorgespräch über, dann haben sie das schon mal hinter sich.) »Und was halten Sie davon?«, fragte eine wahrscheinlich kaum einundzwanzigjährige Frau am anderen Ende. Aus dem Ton ihrer Stimme hörte ich vor allem heraus, dass ich es sehr schlimm finden müsse, all die illegal runtergeladenen Bücher, als ob ich auf der Stelle mein Haus zum Verkauf anbieten und ein kleineres Auto fahren müsste.

Nein, ich werde es anders angehen. Ich werde den illegalen Downloadern unter die Arme greifen. Die meisten Bücher bringen einem nichts. Dieses schon. Ich werde die DIN-A4-Seite mit Ihnen teilen – zum Schluss, am Ende, wenn ich gesagt habe, was ich zu sagen habe: auf der letzten Seite.

Und noch etwas: Das hier ist nicht einer dieser Ratgeber, deren Autor sein eigenes Leben nicht im Griff hat. Wie der Psychopath, der Psychiater wird, der Pyromane, der bei der Feuerwehr arbeitet, der Serienmörder, der beim Suchen der Leiche hilft. Und, wie hieß der Kerl noch gleich, er war Senator, nein, Gouverneur des Staates New York? Pfiltzer ... Pfitzer ... Ich komm grad nicht auf den Namen. Wie auch immer, er hatte es sich als Gouverneur zur Lebensaufgabe gemacht, die Prostitution zu bekämpfen, bis herauskam, dass er Kunde eines exklusiven Escortservices war. Da stand er dann hinter dem Pult, eine Batterie Mikrofone vor sich, und beichtete seine Sünden. Im Blitzlicht der Kameras. Seine Frau stand neben ihm, fix und fertig, mit verweintem Gesicht.

Kinder von Zahnärzten haben die meisten Löcher in den Zähnen. Beim Klempner leckt es fortwährend. Erfolgreicher Verfasser von Ratgebern, berühmt, Millionär, kann ausgerechnet sich selbst nicht helfen und vermasselt sein Leben. Seitensprünge, Alkohol- und Drogenkonsum, Scheidung, Depression, Selbstmord. Solche Geschichten. Und die Moral von der Geschicht': Könige und Prinzessinnen sind nicht automatisch glücklich oder so ähnlich. Der Autor des Bestsellers »Wie man sich das Rauchen abgewöhnt« hat selbst wieder damit angefangen. Nein, das wäre alles viel zu einfach. Zu naheliegend. Wer also mit einer Geschichte rechnet, in der der Held auf dem Höhepunkt seines Ruhms und Reichtums zu Fall kommt, kann besser gleich bis zur DIN-A4-Seite am Ende weiterblättern.

Nein, ich bin nicht zu Fall gekommen. Es sind höchstens ein paar Dinge passiert, die mich nachdenklich gestimmt haben. Nicht mehr als ein Nachtrag, ein paar kurze Kapitel, die ich heute *Einfach leben* hinzufügen könnte, wie das Bonusmaterial auf einer DVD, die extralange Version – der »Director's Cut«. Ein neuer Umschlag und fertig ist die Laube. Und das aufgemotzte Endresultat landet dann zum Höchstpreis auf dem Ladentisch.

Ich muss jetzt wieder an den Gouverneur denken: Eliot Spitzer, so heißt er, ich habe es inzwischen nachgesehen. Würde ich jemals Julia bitten, auf einer Pressekonferenz neben mir zu stehen, auf der ich mitteile, was ich auf den folgenden Seiten schildern werde? »Was soll ich anziehen?«, würde sie mich fragen. »Etwas Schlichtes«, würde ich antworten, »was sich bewährt hat. Mir werden sie vielleicht nicht glauben, aber dir glauben sie sofort. Du brauchst gar nichts zu sagen. Deine Anwesenheit sagt genug.«

Nein, das würde ich ihr nie zumuten. Hilfreich wäre es bestimmt, aber auch der leichtere Weg. Ich muss es selbst machen.

Und so sind wir wieder beim Anfang angelangt. Beim Wort »selbst« und dem Titel meines erfolgreichsten Buches, das ich anfänglich *Der leichte Weg* nennen wollte. Man sucht einen Ausweg und wählt den leichtesten Weg. Ich halte das immer noch in allen Fällen für das Beste. Vergleichen Sie es mit einer Schiffskatastrophe: Das Schiff ist gekentert und treibt kieloben im Wasser. Ein solches Szenario wurde schon des Öfteren verfilmt. Der Film muss abendfüllend sein, also folgen wir einer kleinen Gruppe Überlebender auf ihrer Odyssee durch das Schiffsinnere. Nie steht in einem Katastrophenfilm irgendwo ein Bullauge offen, durch das alle schon nach zehn Minuten rausklettern können.

Im wirklichen Leben aber gibt es dieses Bullauge.

Alles fing auf einer Party zu Julias neunundfünfzigstem Geburtstag bei uns zu Hause an. Wir hatten ein paar Freunde eingeladen, die unvermeidlichen Verwandten und natürlich auch unseren jüngsten Sohn und seine Familie. Dennis, unser Ältester, ist mit einer Kanadierin verheiratet und wohnt seit acht Jahren drüben. Drei Kinder. Die einzuladen, erübrigte sich also schon mal. Ab und zu kommen sie nach Holland, nicht allzu oft, nicht öfter als einmal in drei Jahren, manchmal zu Weihnachten oder vierzehn Tage im Sommer.

Zum Glück nicht allzu oft, möchte ich gleich hinzufügen. Ich weiß, es ist schwierig, solche Dinge über seine eigenen Kinder zu sagen, aber es ist einfach so: Mein ältester Sohn ist langweilig – es ist sinnlos, um den heißen Brei herumzureden. Sterbenslangweilig, als Kind schon, und in seiner Pubertät ist es nur noch schlimmer geworden. Wir schöpften ein wenig Hoffnung, als er uns seine zukünftige Frau vorstellte. Er hatte sie auf einer Reise durch Kanada kennengelernt. Caitlin. Inständig hofften wir, sie würde unseren langweiligen Sohn zum Leben erwecken, denn sie war ohne Zweifel sympathisch. »Prickelnd« ist vielleicht die beste Charakterisierung, auf die Art und Weise, wie eine

Zitronenscheibe in einem von der Sonne beschienenen Gin Tonic prickeln kann. Was sieht diese Frau bloß in unserem Sohn?, fragten Julia und ich uns nach der ersten Begegnung. Wir konnten uns nicht entscheiden, ob wir es toll für ihn oder schlimm für sie finden sollten.

Bei Stefan ist es ganz anders. Man kann die Realität beschönigen wollen und leugnen, dass einem ein Kind lieber ist als das andere, aber neben Dennis würde einem jedes andere Kind lieber sein. Unseren jüngsten Sohn »lebhaft« zu nennen, wäre eine Untertreibung. Als Kind schon konnte er nie still sitzen, ADHS nennt man das heute, aber diese Mode haben wir nie mitgemacht. Bei seiner Ehe verhält es sich genau umgekehrt wie bei der von Dennis. Wir mögen seine Frau nicht. Überhaupt nicht. Es ist einer der schlimmsten Albträume, der einem als Eltern widerfahren kann. In der ersten Zeit hofften wir noch, die Beziehung würde von selbst abflauen. »Stefan«, sagte ich einmal während eines Essens, als ich etwas zu viel getrunken hatte, »glaub mir, Junge, diese Frau ist nichts für dich.« Manchmal frage ich mich, ob ihm dieser väterliche Rat noch ab und zu durch den Kopf geht. Aber es spielt keine Rolle mehr, ein Jahr später waren sie verheiratet. Zwei Kinder, inzwischen drei und fünf Jahre alt. Nette Kinder, ich kann es nicht anders sagen – trotz ihrer Mutter.

Der Form halber hatten wir sie also zu Julias Geburtstagsparty eingeladen, in der Hoffnung, sie könnten nicht kommen. Oder zumindest seine Frau wäre aus irgendeinem Grund verhindert und unser Sohn käme allein.

Wir hatten Glück. An dem besagten Nachmittag rief Stefan an. Sie hätten keinen Babysitter kriegen können, und die Kinder müssten eigentlich schon im Bett liegen, wenn unsere Party gerade erst anfangen würde.

»Aber dann kannst du doch alleine kommen«, sagte ich.

»Ja, das schon«, antwortete er, und es hörte sich an, als würde er leiser sprechen. »Aber es geht Hanna nicht besonders gut. Es wäre nicht nett, sie mit den Kindern allein zu lassen, allein ins Bett bringen und so. Sag Mama, dass ich versuche, morgen vorbeizukommen.«

Es geht Hanna nicht besonders gut … Es gab hundert Dinge, die ich meinem Sohn hätte sagen können. »Lass dir doch nicht immer so von deiner Frau auf der Nase rumtanzen« zum Beispiel. Aber ich hielt den Mund. Ich wusste längst, wo der Hase im Pfeffer lag. Hanna hatte einfach keine Lust. Sie ließ eh keine Gelegenheit aus, deutlich zu machen, dass ihre Schwiegereltern ihrer Ansicht nach einen schlechten Einfluss auf ihren Ehemann hatten.

Ich sah ihr Gesicht vor mir, ihr im ewigen Zustand der Unzufriedenheit verharrendes Gesicht. Der gequälte Gesichtsausdruck, mit dem sie sich meinem Sohn zuwandte: »Allein zum Geburtstag deiner Mutter? Und ich? Mir geht es gar nicht gut, Stefan. Du musst mir heute Abend helfen, die Kinder ins Bett zu bringen, ich würde dich wirklich nicht darum bitten, wenn es nicht nötig wäre.«

Am Anfang einer Party hat man immer noch eine gewisse Erwartung, eine unbestimmte Hoffnung, auf etwas Neues vielleicht sogar – eine Erkenntnis, jemand, der etwas sagt, an das man sich einen Tag später noch erinnert. So wie man früher auf dem Rücksitz im Auto der Eltern über eine Landesgrenze fuhr, in einer weit zurückliegenden Zeit, als Grenzen noch wirklich der Übergang zu etwas anderem waren: der erste ausländische Briefkasten, ein Polizist in einer unbekannten Uniform, eine verdreckte Lok vor einem Zug.

Man stellt ein Schälchen mit Oliven auf den Tisch, Toasts, ein Körbchen mit Baguette. Kaum hat man die erste Bierdose aufgerissen, da klingelt es schon. Es ist noch früh, so früh, dass man noch neugierig ist, wer es sein könnte, aber es ist wie jedes Jahr der Verwandte unbestimmten Grades, der auch immer wieder als Erster nach Hause geht.

Manchmal sehe ich mich selbst, an die Spüle gelehnt, die zweite Bierdose lässig in der Hand. *Ganz ich selbst,* ich wüsste nicht, wie ich es anders ausdrücken sollte. In Harmonie mit mir selbst. *Er fühlt sich wohl in seiner Haut,* sagen die Leute.

Wer sich in seiner Haut wohlfühlt, dem werden nur noch selten neue Erkenntnisse zuteil, und schon gar nicht durch andere.

Es gibt immer Leute, die den Zahnarzt auf seiner eigenen Geburtstagsparty bitten, doch rasch einen Blick in ihren Mund zu werfen. Oder die an einem Samstagnachmittag ihrem Hausarzt im Supermarkt über den Weg laufen, ihm erst versichern, sie wollten ihn auf keinen Fall an seinem freien Wochenende belästigen, dann aber doch den Ärmel aufrollen und ihn bitten, sich die komische Beule auf ihrem linken Arm kurz anzuschauen. Und so waren auch diesmal wieder Freundinnen von Julia da, die mich auf eine bestimmte Stelle in *Einfach leben* ansprachen.

Heute ist Samstag, hätte ich am liebsten geantwortet. Der Geburtstag meiner Frau. Mein freier Tag. Auch ich habe Anspruch auf Urlaub von meinen eigenen Erkenntnissen.

Doch so ist es natürlich nicht. Meine Praxis ist Tag und Nacht geöffnet. Jede Party hat ihren Sättigungspunkt. Zuerst sieht man ausschließlich neue Gesichter, dann werden die neuen Gesichter alt. Am liebsten würde man nach Hause gehen, aber man ist ja schon zu Hause, auf der eigenen Party – ein Boot, das man nicht verlassen kann.

Manchmal ziehe ich mich in solchen Augenblicken ins Bad neben unserem Schlafzimmer zurück. »Ich will heim«, sage ich laut zu meinem Spiegelbild. Und ich sehe einen Mann, der sich schon nicht mehr so wohlfühlt in seiner Haut wie in den ersten Stunden der Party, als die Erwartungen zwar nicht hochgespannt, aber immerhin noch Erwartungen waren.

Der Sättigungspunkt der Party war inzwischen längst überschritten – ich war schon zum dritten Mal vom Bad zurückgekommen, wo ich zu meinem Spiegelbild gesagt hatte, es sei höchste Zeit, wir müssten jetzt wirklich heim –, als ich Julia aus der Küche rufen hörte.

»Tom?«

Aus dem Wohnzimmer kam Musik, Tanzmusik aus verflossenen Zeiten. Stühle wurden zur Seite gerückt. Ein paar Leute – die mit dem meisten Alkohol im Blut wahrscheinlich – wagten die ersten Tanzschritte.

Sie tanzten, wie Leute unseres Alters zu tanzen pflegen: etwas zu forsch, etwas zu fröhlich auch. Die Art Tanzbewegungen – mit weit ausgestreckten Armen, als wären sie Vögel, die aus dem Wasser aufzusteigen versuchen, die Ellbogen eine Gefahr für alle, die sich in ihre Nähe wagen –, für die sich unsere Kinder schämen, besser gesagt: schämten, denn inzwischen sind sie darüber schon lange hinaus. Lasst die alten Knacker doch. Bei tanzenden Leuten unseres Alters muss ich immer an diese Kinder denken, wie sie, die Hände vor den Augen, auf der Couch kauern.

»Die Klingel! Es hat geklingelt!«, rief meine Frau aus der Küche. »Tom, gehst du mal hin? Tom?«

Ich hatte nichts gehört, aber bei der lauten Musik war es durchaus möglich, dass es schon öfter geklingelt hatte.

»Ich gehe schon, ich gehe schon!«, rief ich und ging die Treppe hinunter.

Der Kontrast zwischen dem hellen Treppenhaus und der dunklen Straße war so stark, dass ich die Tränen in ihrem Gesicht erst einmal gar nicht bemerkte. Erst einmal sah ich gar nichts. Und auch das andere sah ich erst später.

»Hanna!«, rief ich. Durch den Alkohol fiel es mir weniger schwer, so zu tun, als sei ich angenehm überrascht vom Anblick meiner Schwiegertochter. »Komm rein, komm rein. Wo ist …?« Ich machte einen Schritt nach vorne und schaute um die Ecke, um zu sehen, ob mein Sohn etwa noch damit beschäftigt war, das Auto zu parken. Gleichzeitig streckte ich die Arme nach Hanna aus – und wahrhaftig, nach fünf oder sechs Bier und einer mir inzwischen nicht mehr erinnerlichen Menge Wodka brauchte ich die warmen Gefühle für sie nicht einmal zu simulieren. Ja, so war das bei mir: Der Rausch machte mich weder aggressiv noch bösartig, ein paar Gläser stimmten mich einfach versöhnlicher. Der Versöhnlichkeit als einer der Säulen der glücklichen Existenz hatte ich in *Einfach leben* ein halbes Kapitel gewidmet.

In dieser einen Sekunde, bevor meine Schwiegertochter mir in die Arme fiel, sah ich es. Etwas Glänzendes auf ihren Wangen. Etwas Feuchtes, das für diesen kurzen Augenblick das Licht der Diele reflektierte.

»Tom!«, schluchzte sie, während sie die Arme um mich schlang und mich heftig an sich drückte. »Ach, Tom …«

Ja, ungelogen, genau das sagte sie. Und gerade durch die Banalität und die Kürze, mit der meine Schwiegertochter ihren Gefühlen Ausdruck verlieh, wusste ich sofort, dass etwas Schlimmes passiert war. »Wir müssen nicht immer auf Biegen und Brechen originell sein wollen«, hatte ich in *Einfach leben* geschrieben. »Oft drücken wir unsere wahren Gefühle am besten in Klischees aus.«

Ich ließ den Blick noch ein letztes Mal über die Straße wandern, aber nichts regte sich, nirgends wurde ein Auto auf einem der freien Plätze geparkt. Mit sanftem Druck schob ich Hanna ins Haus und schloss die Tür.

Sie blickte die Treppe hoch, der Schein der Deckenlampe fiel auf ihr tränennasses Gesicht, und jetzt, während sie den Kopf nach der Musik und dem Gelächter unserer tanzenden Gäste umdrehte, nahm ich ganz kurz noch etwas anderes wahr.

Es war ein so flüchtiger Moment, dass ich mich fragte, ob ich es mir etwa nur eingebildet hatte, doch als sie mir ihr Gesicht wieder zuwandte, sah ich es aufs Neue.

Ein Gedanke durchfuhr mich, den ich sogleich wieder unterdrückte: Ich könnte meine Schwiegertochter an die Hand nehmen und mit ihr die Treppe hinaufgehen. Sie würde in der Tür zum Wohnzimmer stehen. Die feiernden Gäste würden zu ihr hinschauen, noch eine Weile weitertanzen und dann doch innehalten. Jemand würde die Musik leiser stellen, niemand würde mehr tanzen, und kurz darauf würden die meisten ihre Mäntel nehmen und gehen.

»Ich … ich weiß nicht«, sagte Hanna, sie warf mir einen hilflosen Blick zu und strich sich mit den Fingern über die feuchte Wange.

Von unserem Flur geht ein Zimmer ab, das früher ausschließlich von unseren Söhnen genutzt wurde. Es gab eine Tischtennisplatte, an der Decke hing ein Boxball, an der Wand eine Dartscheibe und die große Leinwand, auf die sie mit einem Beamer Filme und ihre Playstation-Spiele projizierten. Seit sie aus dem Haus waren, zeugten nur die beiden Schlafsofas und ein Kühlschrank von einer Vergangenheit, die mir gar nicht so weit entfernt vorkam, als noch fast jedes Wochenende drei oder vier ihrer Freunde und Freundinnen bei uns übernachteten.

»Komm rein«, sagte ich. Mit der einen Hand fasste ich sie am Handgelenk, die andere legte ich ihr unten auf den Rücken und dirigierte sie so zu einem der Sofas. »Setz dich doch.«

Ich suchte den Lichtschalter, zögerte dann aber. Ich wollte zwar ihr Gesicht noch einmal sehen, mich vergewissern, dass ich mich wirklich nicht geirrt hatte, aber ich wollte sie auch nicht dem grellen Licht aussetzen.

Erst viel später habe ich mich gefragt, ob sie nicht genau das bezweckt hatte: im Scheinwerferlicht stehen. Sie war schließlich aus eigenem Antrieb gekommen, sie wusste von der Geburtstagsparty.

Vielleicht hatte ihr das vorgeschwebt, als sie so spät auftauchte: eine Party, tanzende Gäste – die sofort zu tanzen aufhören würden, wenn sie ihr Gesicht sahen.

In Gegenwart aller unserer Freunde und Bekannten würde dieses Gesicht seine eigene Geschichte erzählen. Alle würden erfahren, was für ein Mann unser jüngster Sohn war. So etwas hatte ich vor langer Zeit schon mal erlebt. Eine Frau auf einem Empfang, die allen gegenüber steif und fest behauptete, sie habe sich den Kopf gestoßen oder sei vom Rad gefallen; an die Einzelheiten kann ich mich nicht mehr erinnern. Woran ich mich sehr wohl erinnere, ist, wie die Frau mich ansah, während sie das sagte. Wir kannten einander nur flüchtig, ich war eigentlich mit ihrem Mann befreundet. Sie reichte mir ein Glas Wein und sah mich dabei an. Ich versuchte krampfhaft, die gelben und braunen

Blutergüsse auf ihrer linken Wange zu ignorieren, ihr Veilchen. Beide Augen erzählten eine andere Geschichte als die von der Kollision mit einer Tür oder dem Sturz vom Fahrrad, gleichzeitig aber beschworen diese Augen mich, nicht weiter nachzufragen. Es ist privat, sagte ihr Blick. Wir kriegen das schon alleine hin.

Inwiefern war dies bei Hanna auch privat? Ich stellte mir das Gespräch mit meinem Sohn vor. »Wir müssen reden«, würde ich zu ihm sagen, und er würde sofort wissen, worum es ging. Vielleicht würde er auf die Uhr schauen und sagen, er hätte eine Verabredung. »Du hast fünf Minuten, Paps.« Sollte ich es besser mit Julia zusammen machen? In Gegenwart seiner Mutter verhielt er sich anders, dann spielte er mit Verve die Rolle des erwachsenen Sohns, der immer ihr liebster, kleiner Junge bleiben würde. Zu ihr würde er nie sagen, sie habe nur fünf Minuten.

Aber es gab etwas, was mich davon abhielt, meine Frau mit einzubeziehen. Das Bild, das sie von ihrem Lieblingssohn hatte, würde für immer beschädigt werden. Obwohl ich überzeugt war, dass sie erst einmal für ihn Partei ergreifen würde. Ich hörte es sie sagen: *Was hat diese Person bloß angestellt, dass er so seine Selbstbeherrschung verliert? Das entspricht doch gar nicht seiner Art.*

Ich muss gestehen, dass ich mich auch erst in dem Moment, als ich diesen Gedanken zuließ, in den fiktiven Standpunkt meiner Frau hineinversetzte. Im Halbdunkel besah ich mir Hannas Gesicht. Die Verfärbungen waren nicht gut zu erkennen, unter dem linken Auge war alles höchstens eine Spur dunkler, und als sie mir jetzt ihr Gesicht zuwandte und zu mir aufblickte, fiel mir sofort auf, dass die Wange links, unter dem Jochbein, dicker war als die rechte.

Was hast du gemacht?, fragte ich sie lautlos. *Was hast du in Gottes Namen angestellt, dass er so ausgeflippt ist?*

»Möchtest du etwas trinken?«, fragte ich, aber als ich die Tür des Kühlschranks öffnete, merkte ich, dass er gar nicht eingeschaltet war.

»Es ist nicht das erste Mal«, sagte Hannas Stimme hinter mir. Blieb ich extra etwas länger so stehen, um Zeit zu gewinnen? Oder wollte ich ihr die Gelegenheit geben, noch mehr zu sagen, da ihr das Sprechen offenbar leichter fiel, wenn sie mich nicht anzusehen brauchte?

Es gibt Dinge, die hätte man lieber nie gehört. Was einmal laut ausgesprochen wurde, wird man selten wieder los. Oft weiß man das schon in dem Moment, wo es passiert. Was zählt, ist, wie man damit umgeht.

»Tom? Der hängt sein Mäntelchen doch immer nach dem Wind«, hatte ein Sportlehrer in der Grundschule einmal über mich gesagt. Es ging um einen Protest gegen die harten Unterrichtsmethoden dieses Lehrers. Ich war an dem Tag gar nicht da, weil ich mit Grippe im Bett lag. Ein paar meiner Freunde waren zu dem Lehrer gegangen, sie hatten ihm gesagt, ich gehöre auch zu ihnen. Und da hatte der Sportlehrer jenen Satz gesagt. Wortwörtlich. Er wollte mich damit vor meinen Freunden als Mitläufer disqualifizieren, als jemanden, dessen Meinung nicht zählt.

Jahrelang habe ich mich mit diesem Urteil herumgeschlagen. Steckte darin ein Körnchen Wahrheit? Hatte der Turnlehrer etwas erkannt, von dem ich selbst nichts wusste? Spielte es eine Rolle, dass er ein Psychopath war? Seine Lehrmethoden schienen direkt aus dem Militärbereich zu stammen. Wir mussten Runden laufen und über einen Stock springen, und wer nicht hoch genug sprang, dem schlug er mit ebendiesem Stock gegen das Schienbein.

Einmal, es war mitten im Sommer, ließ er uns eine halbe Stunde in Reih und Glied stehen, genau da, wo das Sonnenlicht durch die Dachfenster des Turnsaals hereinfiel. Erst nachdem drei von uns umgekippt waren, hatte er ein Einsehen. Ein paar Monate später wurde er entlassen – wegen irgendwas mit Jungs im Umkleideraum.

Ich hätte sein Urteil mit der einfachen Argumentation von mir abschütteln können, dass es die Meinung eines Psychopathen sei. Aber so einfach war das natürlich nicht. Es sollte noch Jahre dauern, bis ich der Sache den richtigen Dreh zu geben vermochte: Der Turnlehrer hatte zwar recht gehabt, er hatte es ganz richtig gesehen, ich hängte mein Mäntelchen tatsächlich immer nach dem Wind, doch war das nicht eher eine wunderbare Eigenschaft? Waren festgefahrene Meinungen nicht ein Zeichen von mittelmäßiger Intelligenz? Ich hatte inzwischen mehr Selbsterkenntnis erlangt. Wenn ich im Fernsehen eine Debatte verfolgte, war ich zuerst ganz einer Meinung mit dem ersten Teilnehmer. Dann kam Teilnehmer Nr. zwei und vertrat die entgegengesetzte Ansicht. Gar nicht so übel, dachte ich. Aber dann kam Teilnehmer Nr. drei an die Reihe. Der trifft den Nagel auf den Kopf, war meine spontane Reaktion, worauf der Moderator wieder dem ersten das Wort erteilte. Ich wusste, was kommen würde: Teilnehmer Nr. eins würde mich schließlich doch überzeugen, aber dann durften die beiden anderen nicht mehr zu Wort kommen.

War es nicht eine großartige Eigenschaft, eben keine eindeutige, felsenfeste Meinung zu haben, sagte ich mir von dem Tag an. Sich in alle Standpunkte hineinversetzen zu können? Diese Erkenntnis wurde der Ausgangspunkt für *Einfach leben*, auch wenn es noch Jahre dauern sollte, bis ich das Buch in Angriff nahm. »Häng dein Fähnchen nach dem Wind« hätte das Motto des Ratgebers auch lauten können. Wer sein Fähnchen nach dem Wind hängt, erlebt viel mehr als der, der sich sein Leben lang an die einmal gewählte Richtung hält.

Später habe ich noch oft an den Augenblick zurückgedacht, als ich an der Haustür nach Hannas Hand griff – sie stand schon mit einem Fuß draußen, die lädierte Hälfte ihres Gesichts schon nicht mehr im Licht der Diele.

Ich hatte sanft ihre Hand gedrückt, sie mit den Fingern umfasst. Beruhigend sollte er sein, der Händedruck eines Menschen, der alles unter Kontrolle hat. Und war das nicht auch tatsächlich der Fall? Wann hatte ich das letzte Mal etwas nicht unter Kontrolle gehabt? Mir grauste es zwar, wenn ich daran dachte, dass ich in nächster Zeit mit meinem Sohn würde reden müssen – der Gedanke allein an den Anruf davor! –, aber schon bald danach würde die Erleichterung kommen. Ein beiläufiger Anruf, angeblich aus einem ganz anderen Grund, und dann der irreversible Satz: *Wir müssen reden. Über eine bestimmte Sache. Hast du morgen früh Zeit?* Irgendwie sah ich dann immer eine Kneipe vor mir, wo wir uns treffen würden. Eine Kneipe hier in der Nähe, eine ganz normale Kneipe mit Holztischen, eine in jeder Hinsicht beruhigende Umgebung.

Oder war es doch eher ein Gespräch für den späten Nachmittag? So gegen halb fünf, mit Bier und Leberwurst.

Und dann gleich beim ersten Bier mit der Tür ins Haus fallen. *Sag mal, schlägst du deine Frau manchmal?* Nein, das war kein guter Anfang. Stefan würde nach einer solchen Frage wahrscheinlich völlig dichtmachen. Er bräuchte mich nur anzusehen, als ob ich nicht mehr ganz klar im Kopf wäre, um dann alles zu leugnen.

Aber die andere Taktik, die Schritt-für-Schritt-Strategie, ging mir gegen den Strich. *Wie geht es Hanna? Wie geht es euch, meine ich eigentlich. Alles in Ordnung?*

Seine Antwort wäre abzusehen. *Was meinst du damit? Was sollte denn nicht in Ordnung sein?*

Nach dieser Gegenfrage wäre unser Gespräch schon zu Ende, bevor es richtig angefangen hätte. Beim zweiten Bier würde er mich fragen, worüber ich denn mit ihm habe reden wollen.

Du wolltest mich doch sprechen. Das hast du jedenfalls am Telefon gesagt. Nichts Ernstes, hoffe ich. Ist was mit Mama?

Schon an jenem Abend entschied ich mich, während ich mich wieder unter die Gäste mischte, für die andere Vorgehensweise, die direkt aus meinem Buch stammte. Verständnis war hier das Schlüsselwort. Sich in den anderen hineinversetzen, wer immer es ist und was immer er oder sie angestellt hat.

Ich könnte von mir selbst ausgehen. Ich könnte von den Verstimmungen innerhalb einer Beziehung sprechen. *Ich weiß nicht, wie das bei dir ist, aber manchmal schafft mich deine Mutter ganz schön. Daran ist nichts Ungewöhnliches.*

Ich versuchte mir die Situation vorzustellen, mein Sohn und ich, wie wir einander an einem Tisch in einer Kneipe gegenübersaßen, das zweite Bier vor uns. Auf mein *Ich weiß nicht, wie das bei dir ist* müsste idealerweise seine Reaktion folgen. *Ja, so geht es mir mit Hanna auch manchmal.* Blieb die Reaktion aus, würde ich weiterstochern müssen – wie in einem schon halb erloschenen Kaminfeuer, bis der nur noch schwelende Holzklotz wieder aufflammen würde. *Geht dir das mit Hanna auch so? Das ist nicht mehr als normal. Treibt sie dich manchmal zur Weißglut?*

Nein, das Letztere besser nicht. Das war ein Schritt zu weit. Er würde dichtmachen. *Weißglut? Mich? Hanna? Wovon redest du?*

Verständnis! Ich musste irgendwie einen Zugang finden, ihm subtil zu verstehen geben, dass ich sein Verhalten nicht von vornherein verurteilte – dass ich erst seine Seite der Geschichte hören wollte.

Niemand erkundigte sich, wer so spät noch an der Tür gewesen war, auch Julia nicht. Ich war eine Weile weg gewesen, keine Ahnung, wie lange. Eine halbe Stunde? Eine Dreiviertelstunde? Und doch war es niemandem aufgefallen, wie das bei Partys eben so ist. Vielleicht war man ja in der Küche oder auf dem Balkon. Selbst ist man sich der eigenen Abwesenheit natürlich viel stärker bewusst als die anderen. Man bekommt schon einmal eine Vorschau auf die Zeit nach einem, wenn es einen nicht mehr gibt. Auch dann werden die Leute schon bald wieder über ihre Urlaubspläne reden. Über den letzten Film. Wahrscheinlich schon beim zweiten Glas Wein in der Cafeteria der Trauerhalle.

Mit meiner Frau räumte ich den Geschirrspüler ein. Das Tischtuch voller Weinflecken und Weißbrotkrümel ließen wir erst einmal liegen, um noch ein letztes Glas zu trinken.

Ich schob die Balkontüren auf und zog ein Päckchen Gauloises aus der Hosentasche.

Wir ließen unsere Gäste Revue passieren. War der oder die dicker oder doch eher schlanker geworden? Eine Weile befassten wir uns mit dem Kleid von E.

»Das sollte man in ihrem Alter doch wirklich lassen«, sagte Julia. »Siehst du mich in so was rumlaufen? Jedenfalls hoffe ich, dass es dir noch auffällt. Dass du mich warnst.«

»Wahrscheinlich ist es das«, sagte ich. »R. ist es egal, ob seine Frau sich lächerlich macht.«

Es handelte sich um ein Ehepaar, das immer sichtlich stolz darauf war, schon so lange zusammen zu sein. »Nächsten Monat genau sechsunddreißig Jahre«, antworteten sie mit verschwörerischem Lächeln und fast im Chor, wenn jemand sich danach erkundigte. Sie verstanden es, einem die Frage wie einen Ball so zuzuwerfen, dass man nur noch einzuköpfen brauchte.

Wie lange seid ihr eigentlich schon zusammen? Es war eine Frage vergleichbar mit der des Neunzigjährigen, der sich in der Straßenbahn zu einem Kind hinunterbeugt. *Was glaubst du, wie alt ich bin?* Und übers ganze Gesicht strahlt, wenn das Kind sich um zehn Jahre vertut.

»Oder ist es doch eher aus Respekt?«, fragte meine Frau nachdenklich. »R. denkt, sie mag rumlaufen, wie sie will, solange sie nur glücklich ist.«

Jetzt, im Nachhinein, denke ich immer noch, es kam

durch das Wort »Respekt«, dass ich plötzlich meinen jüngsten Sohn vor mir sah. In einer Reihe ruckelnder Bilder – in Schwarz-Weiß, wie bei der Rekonstruktion eines Überfalls auf einen Supermarkt in einer Fahndungssendung – Bilder, die ich offenbar bis jetzt nicht zugelassen hatte.

Die Wohnung. Das Wohnzimmer. Das Licht ist gedämpft – vielleicht, damit ich das, was passiert, doch nicht ganz deutlich sehen kann.

Hanna sagt etwas.

Stefan steht in der Tür, im Halbdunkel sind seine Gesichtszüge nur unscharf zu erkennen.

Was hast du gesagt? Einen Schritt ins Zimmer hinein. Sie sitzt am Esstisch, über ihren Laptop gebeugt. *Sag das noch mal.*

Sie erwidert etwas. Etwas Nerviges. Etwas Naseweises. So eine Bemerkung, die man unterschiedlich interpretieren kann: *Das ist deine Sache! Wenn du das für nötig hältst, dann mach es doch.*

Sie versteht sich auf solche Bemerkungen. Später wird sie alles leugnen. *Was hab ich denn schon groß gesagt? Ist das ein Grund, so auszurasten?*

Und an dieser Stelle muss ich aufpassen. Ich betrachte jetzt alles durch die Augen meines Sohnes. Aber das muss ich auch, rede ich mir ein, ich muss es von zwei Seiten betrachten, wie kann ich sonst ein objektives Urteil fällen?

Es ist erst wenige Stunden her, dass ich mir Hannas Seite der Geschichte angehört habe. Ich habe Verständnis für sie aufgebracht. Ich habe sie getröstet. Ich habe Sachen gesagt wie, dass es »nicht normal« sei, was mein Sohn getan hat.

Ich bereue nichts. Es ist auch nicht normal. Aber um die ganze Situation nachvollziehen zu können, muss ich die Umstände rekonstruieren. Die Vorgeschichte.

Er kennt diesen Tonfall. *Das ist deine Sache!* Wenn er es jetzt auf einen Streit ankommen lässt, wird er garantiert den Kürzeren ziehen. Wie immer ist sie die Redlichkeit in Person. Bei einer Rekonstruktion wird es keine mildernden Umstände geben. Was hat sie denn schon groß gesagt? Wenn man ihre Äußerungen schwarz auf weiß nachliest, wird man nichts als Redlichkeit finden.

Aber schwarz auf weiß hört man den Ton ihrer Stimme nicht. Wie sie es sagt. *Von mir aus kannst du verrecken.* Das sagt sie nicht, aber das hört man. Sie sagt es in einem Ton, als wäre er gar nicht da. Bei einem echten Streit gibt es zwei Parteien. Man flucht und schimpft, man sagt schreckliche Sachen, die nie mehr rückgängig zu machen sind – glaubt man, während man da steht und brüllt. Aber es ist alles halb so schlimm. *Worum ging es eigentlich?*, fragt man, während man sich, Tränen in den Augen, in die Arme fällt.

Aber es geht auch anders. Man lässt sich erst gar nicht auf einen Streit ein. Mimt völlige Gleichgültigkeit. Man lässt den anderen spüren, dass es einem völlig egal ist, was er tut oder sagt. Schnurzegal.

Traf das auf Hanna zu?, fragte ich mich. Ja. Ich hatte es mehr als einmal erlebt. Hier, bei uns zu Hause, an diesem Tisch, tat sie manchmal so, als wäre unser Sohn gar nicht da.

War er früher auch schon so?

Das sagte sie zu meiner Frau, als ich mich gerade mit Stefan unterhielt, aber ich konnte es deutlich hören – also er sicher auch.

Hinterher denkt man, das war so ein Moment, da hätte man etwas sagen sollen. Nicht gleich, denn die Bemerkung an sich war ja noch ganz harmlos, als würde unsere Schwiegertochter sich gerührt über ein Fotoalbum beugen: ein Foto unseres Sohns auf einem Dreirad oder im Zoo bei den Pinguinen.

Nein, nicht gleich, aber später. Nur ist später dann oft schon zu spät.

… *ist mit ihm nichts anzufangen,* schnappte ich auf, als Stefan und ich gerade eine Pause einlegten. Ich sah an seinem Gesicht, dass er es auch gehört hatte. Aber er verzog keine Miene, ganz im Gegenteil. Als wäre sein Gesicht zur Pose erstarrt, wie das Lächeln, das wir für ein Gruppenfoto aufsetzen.

Er hätte sich in dem Moment zu seiner Frau und seiner Mutter umdrehen können. *Redet ihr über mich? Dann würde ich das auch gerne hören.* Aber vielleicht dachte er das Gleiche wie ich: Wenn er sich jetzt einmischte, würde ihm wahrscheinlich etwas Wesentliches entgehen. Er würde nur eine abgeschwächte Version des Gesagten zu hören bekommen. Statt der Wahrheit, durchfuhr es mich. Jetzt würde er vielleicht etwas aufschnappen, was nicht für seine Ohren bestimmt war. Aber auch das habe ich mich später noch oft gefragt: ob meine Schwiegertochter genau das vielleicht beabsichtigt hatte. Ob sie sich nicht über die vierte Wand eigentlich an ihren Mann richtete.

… *dann kapselt er sich ganz ab, als existiere ich gar nicht,* fing ich – fingen wir – noch auf, bevor wir unser Gespräch fortsetzten.

Worüber hatten wir uns unterhalten? Daran kann ich mich nicht mehr genau erinnern. Alles Mögliche kam infrage. Sowohl typische Männerthemen wie Autos und Fußball als auch Politik, der neue Terrorismus und die Meinungsfreiheit. Oder auch Dinge, die ich der Einfachheit halber unter der Überschrift »das Leben selbst« zusammenfassen möchte. Dass man sich in Gesellschaft gewisser Leute unbehaglich fühlt, auf einer Hochzeit oder bei einem Empfang. Dass es ein gewisses Geschick erfordert, über nichts zu reden, während man sich am liebsten sofort verdrücken würde. Bei einem der letzten Male, als er uns besuchte – allein, ohne Hanna –, hatten wir uns über Glück und Zufriedenheit unterhalten und den großen Unterschied zwischen beiden.

Redete er anders, wenn seine Frau nicht dabei war?, fragte ich mich jetzt. War er allein mehr er selbst? War ich mehr ich selbst, wenn ich ohne Julia an meiner Seite auf eine Party oder einen Empfang ging? Nein, ich war mir sicher, dass dem nicht so war. Eher umgekehrt.

Ich schloss die Augen und beendete in Gedanken die Szene im Haus meines Sohnes: In zwei Schritten ist Stefan beim Tisch, an dem seine Frau sitzt, über ihren Laptop gebeugt. Sie hat nicht einmal mehr Zeit aufzuschauen. Er holt mit der flachen Hand aus, überlegt es sich im letzten Moment aber anders und ballt die Hand zur Faust. Er sagt kein Wort. In meiner Rekonstruktion spielt sich das Ganze in völliger

Lautlosigkeit ab, noch immer in Schwarz-Weiß: Film-Stills, in der schlechten Qualität einer Überwachungskamera.

Sie richtet sich halb auf, als er noch einmal ausholt. Ich sprach vorhin von Verständnis, über das Sich-in-den-anderen-Hineinversetzen. Aber jetzt muss ich wieder aufpassen. Denn er ist mein Sohn. Ich werde die Dinge immer eher durch seine Augen sehen als durch die von Hanna. Mit ihm empfinde ich mit, wie mit dem Helden in einem Roman oder Film. Schon seit seiner Geburt empfinde ich mit ihm mit, vielleicht noch viel mehr als mit mir selbst.

»Was ist?«, fragte Julia.

»Wie bitte? Was soll sein?«

Sie beugte sich vor, stellte ihr Glas hin und griff nach meiner Hand.

»Du hast ›verdammte Scheiße‹ gesagt«, sagte sie. »Ganz leise. Und hast die Augen zusammengekniffen, als hättest du was ganz Schreckliches gesehen.«

Ja, ich habe etwas ganz Schreckliches gesehen. Was für eine Erleichterung wäre es gewesen, wenn ich diese Worte hätte aussprechen können. Wenn ich Julia von den blauen Flecken im Gesicht unserer Schwiegertochter hätte erzählen können. Aber etwas hielt mich zurück. Ihre Meinung über Hanna in erster Linie, die sie ausgerechnet in den letzten Monaten zu revidieren angefangen hatte. »Ich hatte neulich ein ganz nettes Gespräch mit Hanna«, sagte sie vor Kurzem. »War eigentlich ganz akzeptabel.«

Ich sah meinen Sohn vor mir. Ein paar Stunden zuvor hatte ich die Folgen seiner Handlung gesehen. Jetzt sah ich, was er tat. Die Faust. Ich versuchte, Verständnis in mir zu aktivieren, aber etwas verhedderte sich, wie ein Stück Film in einem Projektor: Das Bild erstarrt und löst sich auf.

Es gibt Menschen, die im Kino bei unerträglichen Szenen die Augen zukneifen. Wenn ein Messer oder eine Injektionsnadel aufblitzt. Meine Frau ist so jemand. Sie kneift nicht nur die Augen zu, sie hält beide Hände vors Gesicht und beugt sich so weit vor, dass ihr Kopf fast die Rückenlehne des Stuhls vor ihr berührt. »Ist es vorbei?«, fragt sie. »Kann ich wieder hingucken?«

Ich bin immer der Überzeugung gewesen, dass man die Augen besser nicht schließt. Wer die Augen schließt, lässt seine Fantasie mit den übersprungenen Bildern durchgehen. Die Fantasie nutzt die Gelegenheit und macht alles noch schlimmer, als es in Wirklichkeit ist. Dann erinnern wir uns später an die von uns fantasierten Szenen und schwören, genau das hätten wir im Film gesehen.

Ich hatte das Gesicht meiner Schwiegertochter gesehen. Dabei hatte ich die Augen nicht geschlossen. Aber bei den Szenen mit meinem Sohn hatte ich es jetzt offenbar doch getan.

Ich schaute in das Gesicht meiner Frau. Es heißt immer, man soll Bilder, die einen ängstigen, bis zum Ende verfolgen. Man steht auf einem hohen Gebäude und blickt nach unten. Man stellt sich vor, wie man über die Brüstung steigt und sich fallen lässt. Zehn Stockwerke. Die Vorstellung ist vor allem deshalb so beängstigend, weil man sich zutraut, es auch wirklich zu tun. Etwas ist stärker als man selbst, es redet einem ein, über die Brüstung zu klettern.

Vor langer Zeit, zwischen meinem achten und zwölften Lebensjahr, hörte ich nachts eine Stimme, die mir befahl, das Bett zu verlassen, ans Fenster zu gehen und es zu öffnen. Dort hatte meine Mutter unterhalb der Fensterbank eine Schreibtischplatte anbringen lassen, auf die kroch ich, um das Fenster zu öffnen. Wir wohnten damals im dritten Stock. Mein Schlafzimmer befand sich auf der Rückseite des Hauses und ging auf die Gärten unseres Häuserblocks hinaus. Im unteren Teil des Fensterrahmens waren zwei Eisenstangen angebracht, auf die man sich stützen konnte – Gitterstäbe eigentlich, die verhindern sollten, dass man hinausfiel.

Ich stützte mich auf die obere Stange und beugte mich so weit wie möglich vor. Unten in der Tiefe lagen die dunklen Gärten. Ich weiß noch genau, wie es anfing: mit der Stimme, die mich aus dem Bett lockte und mich antrieb, das Fenster zu öffnen. Vor dieser Stimme versuchte ich erst einmal, die Ohren zu verschließen. Solange ich nur in meinem Bett blieb, war alles in Ordnung. Aber wenn ich einmal aufgestanden wäre, würde ich das Gefühl nicht mehr bezwingen können. Wenn die Stimme, so sagte ich mir, stark genug ist, mich aus dem Bett steigen zu lassen, das Fenster zu öffnen und mich hinauszulehnen, dann ist sie wahrscheinlich auch stark genug, mich den letzten Schritt tun zu lassen.

Manchmal hockte ich dort länger als eine Stunde. Nie war ich mir zu hundert Prozent sicher, dass ich nicht auch den letzten Schritt tun würde. Ich lehnte mich noch ein paarmal weit hinaus, und in meiner Vorstellung verfolgte ich das Bild bis zum Ende: Mit einem dumpfen Schlag landete mein Körper auf dem Rasen.

War überall Blut oder im Gegenteil nur ganz wenig? Fühlen würde ich bestimmt nichts mehr, höchstens würden mir die anderthalb Sekunden des Falls wie eine Ewigkeit vorgekommen sein. Dann dachte ich an meine Eltern. An ihren Kummer. Wie sie, ohne es je ganz begreifen zu können, an meinem Grab stehen würden. Ich dachte an Blumen – jede Woche würde meine Mutter einen frischen Strauß auf den kalten Stein legen. Noch jahrelang. Ich schloss das Fenster und ging wieder ins Bett.

Julia sah mich noch immer fragend an.

»Ich musste an etwas denken«, sagte ich, durchaus wahrheitsgemäß. »An etwas Unangenehmes, das ich bald erledigen muss.«

»Manchmal wünschte ich mir, ich wäre tot«, sagt jemand zu einem, und dann kann man zweierlei tun. Man kann betroffen reagieren: »Ist das dein Ernst? Sei nicht so blöd! Sag doch nicht solche schrecklichen Sachen! Du hast eine wundervolle Frau, zwei süße Blagen. Warum solltest du dir wünschen, tot zu sein?«

Die zweite Reaktion, die etwas subtilere, wie ich sie bezeichnen möchte, wäre: Man tut so, als hätte man gar nichts gehört; man lässt höchstens eine kurze Stille eintreten und fängt dann von etwas ganz anderem an – am besten von etwas, was in der Zukunft liegt.

»Hast du Lust, morgen ans Meer zu fahren? Wir könnten in dem Strandlokal am Pier Miesmuscheln essen.«

Ein solcher Vorschlag enthält eine Zukunftsperspektive. Vielleicht hat man ja wirklich nicht gehört, was der andere gesagt hat, vielleicht aber doch. Womöglich ist es auch nicht der richtige Zeitpunkt, um näher auf den Todeswunsch einzugehen. Morgen bei einem Topf Miesmuscheln und einer Flasche Weißwein hätte man mehr Zeit. Auf jeden Fall hat sich eine andere Perspektive eröffnet. Wer wird schon nach dem Leeren einer Flasche Weißwein – wenn nötig, bestellen wir noch eine zweite –

und mit dem Blick aufs Meer noch über den Tod reden wollen?

Man gibt dem anderen auch gar keine Gelegenheit dazu. Man redet über alles Mögliche, über das Leben, aber nicht über den Tod. Jedenfalls kommt der an dem Tag nicht mehr zur Sprache. Vielleicht Jahre später noch einmal. Auf einer Party, in einer lärmigen Kneipe, wo die Musik so laut ist, dass man sich nur schreiend unterhalten kann.

»Weißt du noch, wie du vor ein paar Jahren auf einmal vom Sterben angefangen hast?«

Und der andere ist einem dankbar. Er ist einem dankbar, dass man ihn damals nicht ernst genommen hat.

In den Wochen nach der Geburtstagsparty passierte ziemlich wenig. Ich unternahm vorläufig nichts. Es wäre gut, wenn wir einfach weiterleben, sagte ich mir. Wir alle. Mein Sohn und Hanna, wir aber auch, seine Eltern und ihre Schwiegereltern. Je weiter etwas zurückliegt, desto mehr verschwimmt es. Das gilt nicht nur für das Hotel und den Campingplatz, wo man seinen Urlaub verbracht hat, sondern auch für alles Unfreundliche, das man absichtlich oder versehentlich zu jemandem gesagt hat. In der ersten Nacht schläft man noch schlecht. Man denkt an denjenigen, den man gekränkt hat. Man nimmt sich vor, ihn oder sie am nächsten Tag anzurufen und sich zu entschuldigen. Etwas Ähnliches passiert, wenn man selbst der Gekränkte ist. Was bildet sich der Kerl eigentlich ein? Man malt sich aus, wie man ihm sofort Paroli bietet. Oder ihn ein paar Tage später mit dem Auto einkeilt. Oder noch besser: wie man ihn auf dem Fahrrad die Straße überqueren sieht und beschließt, ein wenig zu spät auf die Bremse zu treten.

Aber schon am nächsten Tag versteht man nicht mehr, worüber man sich so aufgeregt hat. Man ruft den Freund oder die Freundin nicht an. Eine Entschuldigung wäre vielleicht doch ein bisschen zu viel des Guten. Ähnlich ergeht es einem mit der Beleidigung: In Gedanken wiederholt man sie noch ein paarmal, aber irgendwie hat sie schon viel von ihrer Schärfe eingebüßt. Es ist wie mit Verwandten oder Freunden, die einen zum Flughafen gebracht haben. Man dreht sich noch ein paarmal um und winkt, aber schon muss man durch die Kontrolle. Nur der Höflichkeit halber sieht man sich noch ein letztes Mal um, aber eigentlich ist der Blick schon nicht mehr auf das gerichtet, was hinter einem liegt.

In *Einfach leben* habe ich über Versöhnlichkeit als eine der wichtigsten Säulen des glücklichen Lebens geschrieben. Ich kann dies nicht oft genug betonen. Jemand hat einem übel mitgespielt. Früher hat mich so was schlaflose Nächte gekostet. Zuerst versuchte ich zu verstehen, was diese Person dazu veranlasst haben mochte. Dann überlegte ich mir, wie ich es ihm bei Gelegenheit heimzahlen könnte. Ich muss heute noch lachen, wenn ich bedenke, wie viel Zeit mich so eine runtergeschluckte Beleidigung oder Gemeinheit früher gekostet hat. Vergeudete Zeit, denn alles verblasst. Alles geht vorbei, die Tage reihen sich aneinander, die Wochen, Monate, die Jahreszeiten. Nach einem Jahr ist die Gemeinheit zwar nicht vergessen, aber die Erinnerung daran ist nur noch wie eine Narbe am Hinterkopf.

Ja, so war es früher. Aber der Prozess lässt sich beschleunigen. Verständnis ist hier wiederum das Schlüsselwort. Man versetzt sich in den anderen hinein. Was können seine Motive gewesen sein? Ist er vielleicht aus irgendeinem Grund frustriert? Ist er unglücklich? Führt er ein mittelmäßiges, jämmerliches Leben?

So findet man sehr schnell den einzig richtigen Weg. Man ist nicht länger der Beleidigte, der schmollt wegen eines Unrechts, das ihm angetan wurde, sondern man begreift, wie bemitleidenswert der andere ist. Wie er seinem gescheiterten Leben nur einen Sinn geben kann, indem er einen beleidigt. Er hatte im Grunde keine Wahl.

Jetzt ist es nur noch ein kleiner Schritt bis zur Vergebung. Kann es so schwer sein, einem bornierten, mittelmäßigen Menschen zu verzeihen? Er konnte einfach nicht anders. Sein schwacher, bedauernswerter Charakter zwang ihn zu der Beleidigung – zufällig warst du das Opfer, wenn ein anderer zur Verfügung gestanden hätte, hätte es den getroffen.

Ganz genauso sollte man auch bei sich selbst vorgehen. Man hat etwas getan (in meinem Fall ist es öfter etwas, was ich unterlassen habe), das man hinterher bereut. Statt nächtelang deswegen wach zu liegen, grämt man sich nur eine Stunde. Oder noch besser: Man überdenkt seinen Fehler am helllichten Tag in einem passenden Moment, zum Beispiel in der Schlange vor der Kasse im Supermarkt. Dies und das habe ich unterlassen, denkt man, aber es ist nun mal passiert, daran ist nichts mehr zu ändern. Das Leben geht weiter.

Anschließend vergisst man es oder, wenn einem das

nicht gleich gelingt, stellt man es dort ab, wo man es nur noch aus den Augenwinkeln sehen kann. Ab dann arbeitet die Zeit für einen. In immer rascherem Tempo. Man hat die Distanz zwischen sich und dem Problem mit einem Schlag vergrößert. Schon während man an der Kasse steht, beginnt man zu lächeln. Die Kassiererin scannt die Waren und lächelt zurück. Gute Laune ist ansteckend, ihr wünscht euch einen guten Tag, und diesmal klingt es nicht wie eine Formalität, sondern echt, aufrichtig. Vielleicht bringt man das Mädchen sogar zum Lachen. Was für ein netter Mann, denkt sie. Man packt die Sachen in die mitgebrachten Plastiktüten und schiebt den Wagen zu den anderen zurück. Draußen pfeift man schon durch die Zähne. Man hat das Problem buchstäblich mit dem Einkaufswagen im Supermarkt zurückgelassen.

Von der Selbstvergebung ist es nur ein kleiner Schritt zur Selbstbeglückwünschung. Letzteres vergisst der Mensch allzu oft. Man hat ausnahmsweise einmal nichts unterlassen oder nichts Falsches gesagt. Man hat vielmehr alles richtig gemacht. Schon seit ein paar Tagen quält man sich mit dem Gedanken an den unangenehmen Anruf, doch jetzt, in dieser Minute, wählt man die Nummer. Wenn schon nach zweimal Klingeln die Mailbox anspringt, ist das nur ein Bonus für den guten Vorsatz. Eine Nachricht hinterlässt man nicht, das Hinterlassen von Nachrichten gehört der Prähistorie an. Der andere sieht schon, wer angerufen hat. Der andere, den man im Grunde gar nicht anrufen wollte. Jetzt ist er am Zug. Und die ersten beiden Male, wenn er zurückruft, braucht man wirklich den Hörer nicht abzunehmen.

Ich weiß noch genau, wann ich damit anfing, mir selbst zu gratulieren. Wir waren mit Stefan in Antwerpen, er war damals, glaube ich, elf. Wir schlenderten etwas gelangweilt durch einen Marc-O'Polo-Laden. Stefan hatte eine Halbliterflasche Cola bei sich, aus der er ab und zu einen Schluck nahm. Wie es passiert ist, weiß ich nicht mehr, wahrscheinlich hat er die Flasche zugedreht und dann kräftig geschüttelt.

Warum auch nicht, frage ich mich immer noch. Warum darf man in seinem Alter keine Colaflaschen schütteln, warum darf man nicht einfach neugierig sein? Wie auch immer, als er den Verschluss wieder aufdrehte, spritzte die Cola heraus und benetzte einen Stapel T-Shirts. Teure T-Shirts. Lächerlich teure, mit albernen Sprüchen bedruckte T-Shirts, die man um nichts in der Welt tragen möchte.

Ich sagte nichts. Ich sah meinen Sohn nur an und zuckte mit den Achseln. Ich nahm das oberste T-Shirt und ging damit zur Kasse. Es war alles halb so schlimm. Nur das eine T-Shirt hatte etwas abbekommen, und ich wäre bereit gewesen, es zu bezahlen, aber da war die jüngere der beiden Verkäuferinnen schon zu dem Tisch mit den anderen T-Shirts gegangen.

»Hier sind noch welche mit Flecken«, rief sie. Mein Sohn hatte sich neben mich gestellt und blickte schuldbewusst zu Boden.

»Ja«, sagte ich ruhig. »Ich bin durchaus …« Ich hatte die

Hand schon in die Tasche gesteckt, um zu fühlen, wie viel Geld ich dabeihatte. »Einen Moment, bitte.«

Die jüngere Verkäuferin zeigte uns noch drei hässliche T-Shirts, auf denen Flecken zu sehen waren.

»Die können wir so nicht mehr verkaufen«, sagte die Ältere.

»Es sind Colaflecken«, sagte ich. »Die kann man einfach rauswaschen.«

Beide Verkäuferinnen hatten typische Verkäuferinnengesichter: nicht unhübsch, aber mit etwas zu viel Make-up, schon beim Abschminken würde ihre Misslaunigkeit zum Ausdruck kommen, auf jeden Fall würde man nie neben ihnen wach werden wollen.

Ich packte Stefan am Arm. Julia kannte ihren Pappenheimer und war schon auf dem Weg zum Ausgang. »Ihr solltet euch schämen«, sagte ich. »Einen elfjährigen Jungen auf eine so hinterhältige Art und Weise über den Tisch ziehen zu wollen, obwohl er doch gar nichts gemacht hat. Ein bloßes Missgeschick. Doch wohl nicht der Rede wert, oder?«

Niemand hielt uns auf. Stefan war danach noch eine Weile niedergeschlagen, er guckte die ganze Zeit zu Boden, und auch später, als wir in einer Pizzeria saßen, schaute er noch immer etwas bedröppelt drein.

»Hör mal«, sagte ich, während wir an unserer Pizza Margherita säbelten. »Es war vielleicht nicht der beste Ort, um auszuprobieren, was man alles mit einer Cola anstellen kann. Aber die zwei hatten überhaupt kein Recht, so einen frechen Ton anzuschlagen. Sie wollten uns einfach vier

T-Shirts andrehen. Wahrscheinlich hatten sie noch nichts verkauft. Hast du gesehen, wie leer der Laden war? Kein Schwanz geht dahin. Was für ein Theater! Ich will nicht, dass du dich wegen so einer Lappalie schuldig fühlst.«

Schon beim Nachtisch – drei Kugeln Vanilleeis mit Schokoladenparfait – lachte er wieder. Ich nehme an, dass andere Eltern – Eltern, die eigentlich nie Kinder hätten bekommen dürfen – ihrem Kind nach so einem Vorfall zur Strafe kein Eis spendieren. Vielleicht hätten sie es nicht einmal in die Pizzeria mitgenommen.

Ich hatte das einzig Richtige getan. Das bewies mir das lachende Gesicht meines Sohns. Der Vorfall mit der Colaflasche verschwand schon hinter dem Horizont – und ich gratulierte mir selbst. Nicht nur an jenem Nachmittag, sondern noch viele Male danach, immer, wenn ich an diese Geschichte zurückdachte.

Ich bin noch immer davon überzeugt, dass alles anders gelaufen wäre, wenn ich Stefan nicht ungefähr drei Wochen nach Julias Geburtstagsparty zufällig in der Stadt getroffen hätte. Dass ich ihm vorschlug, irgendwo etwas trinken zu gehen, bedarf in diesem Zusammenhang keiner Rechtfertigung. Das war schließlich nur logisch.

»Hast du Zeit?«, fragte ich. Ich warf einen Blick auf meine Armbanduhr. »Vier Uhr. Wir könnten ein Bier trinken, wenn du Lust hast.«

Die Ehrlichkeit gebietet es zu sagen, dass mir zu spät klar wurde, dass ich mit meinem Sohn kein Bier trinken konnte, ohne seine Eheprobleme zur Sprache zu bringen. Ja, ich bin mir sicher, dass ich, hätte ich mehr Zeit gehabt – ein paar Sekunden hätten gereicht –, gar nicht vom Bier angefangen hätte. Angenommen, ich hätte ihn eher gesehen als er mich, auf der anderen Straßenseite, dann wäre meine spontane Reaktion wahrscheinlich gewesen, zu rufen oder zu ihm zu gehen. Doch nach zwei, drei Sekunden schon hätte ich es mir anders überlegt. Es war besser, wir würden uns jetzt nicht sehen – es war noch zu früh, es war noch zu wenig Zeit verstrichen, seit Hanna in die Geburtstagsparty hereingeschneit war. Ein Wiedersehen würde verhindern, dass die Zeit ihre heilende Wirkung tat.

Aber jetzt kam ich aus dem American Book Center und stieß fast mit ihm zusammen.

»Paps …«

»Stefan.«

Wir umarmten uns, drückten die Wangen aneinander – halb war es ein Kuss, halb eine Umarmung –, ich spürte seine Bartstoppeln, und für ein paar Sekunden durchströmte mich das Glücksgefühl, das der Körperkontakt zu meinem Sohn immer bei mir auslöst. Wir waren nie auf Distanz gewesen, wie das so oft bei Vätern und Söhnen der Fall ist, für ihn gab es von klein auf keinen Unterschied, ob er seine Mutter umarmte oder mich.

»Im *Engelse Reet?*«, schlug ich vor, nachdem er meine Einladung angenommen hatte.

Der *Engelse Reet* ist eine Kneipe in einer schmalen Gasse zwischen Spui und Kalverstraat, eine klassische Kneipe, die der Bezeichnung »braun« alle Ehre macht: Sägespäne auf dem Bretterboden und ein Barkeeper, der stolz darauf ist, ohne Notizblock die Bestellungen von sechzehn Kunden auf einmal zu behalten.

Gleich nachdem ich bestellt hatte – zwei kleine Bier und für mich noch einen jungen Genever –, nahm ich mir vor, seine Eheprobleme nicht zur Sprache zu bringen. Jedenfalls nicht sofort. Und im Stillen musste ich über das Wort »Eheprobleme« lachen, das sich fast unbemerkt in mein Denken eingeschlichen hatte. Andere hatten Eheprobleme, aber mein Sohn doch nicht. Und sollte er doch welche haben, dann hatten sie genau genommen an dem Tag begonnen, an dem er beschlossen hatte, diese Frau zu heiraten. Trotzdem fragte ich mich, ob ich den Genever nicht vielleicht vorsorglich bestellt hatte – für den Fall, dass er das Thema anschneiden würde.

Wenn ich nur so viel wie möglich redete, dachte ich mir, würde er keine Gelegenheit dazu bekommen. Auch wenn wir noch ein oder zwei Bier mehr bestellen würden. Nach dem dritten Glas wäre es dann völlig normal, sich wieder auf den Heimweg zu machen.

Deshalb erzählte ich ihm von meinem neuesten Buch. Zum Thema Tourismus. *Die Kunst, zu Hause zu bleiben* lautete der Titel. Es handelte von dem, was ich in *Einfach leben* bereits gestreift hatte: die Mobilität der Massen seit der großen Völkerwanderung zwischen dem vierten und sechsten Jahrhundert. Auf diese Idee war ich gekommen, als ich vor ein paar Jahren in einer Zeitung das Foto von einem Mann gesehen hatte, einem europäischen oder amerikanischen Touristen, der in einem Zelt vor einem kleinen schwarzen Mädchen kauert, einen großen Fotoapparat mit riesigem Objektiv vorm Gesicht. Der Mann trägt Shorts, und man sieht seine dicken bleichen Beine; seine bleichen Füße stecken in derben Wandersandalen. Es war vor allem das enge Nebeneinander dieser Beine und Zehen, diesem schamlos zur Schau gestellten weißen Fleisch, und dem zerbrechlichen schwarzen Mädchenkörper. Woher nimmt der Mann das Recht, fragte ich mich, woher nimmt er das Recht, mit seinen dicken Beinen und bloßen Füßen in die Privatsphäre dieser Menschen einzudringen?

Das brachte mich auf den nächsten Gedanken. Inwieweit wird unsere Privatsphäre von Leuten verletzt, die ungebeten von außerhalb kommen? Ich nahm mir drei Städte, drei touristische Attraktionen vor: Venedig, Barcelona und Amsterdam. Venedig übertraf alles. Dort hatte es auch schon viel früher angefangen. Die Venezianer hatten in großer Zahl die Stadt verlassen, weil es außer in der Tourismusindustrie keine Arbeit mehr für sie gab. Einen einfachen Bäcker oder Gemüseladen fand man dort kaum noch. In Barcelona waren die Leute auf die Straße gegangen, um gegen die Touristen zu protestieren, die halb nackt einkaufen gingen und die Anwohner mit nächtlichen Trinkgelagen um den Schlaf brachten.

Mein Sohn schien mir interessiert zuzuhören, wir hatten unser zweites Bier vor uns stehen; sicherheitshalber hatte ich mir wieder ein Gläschen jungen Genever dazubestellt. Wir stießen an, ich sah ihm ganz kurz in die Augen. Mein Sohn hatte immer einen neugierigen Blick gehabt, es funkelte immer etwas darin, als würden seine Augen ständig lachen. Gleichzeitig hatten sie etwas Süßes, etwas Naives, eine Unschuld, die man eher von Tieren kennt als von Menschen. Rehe blicken so drein und auch Hunde, denen man beim Verlassen des Hauses versichert, man sei gleich wieder da.

Aber an diesem Nachmittag war sein Blick matt, seine Augen schienen allen Glanz verloren zu haben. Mir fielen jetzt auch die tiefen Ringe auf, die Fahlheit seines Gesichtes. *Was siehst du gut aus!*, sagen wir zu Leuten, die gut aussehen. Zu Leuten, die schlecht aussehen, sagen wir nichts. Mein Sohn sah schlecht aus, es war nicht zu leugnen.

Er liegt nachts wach, durchzuckte es mich. *Mit ihrer Quengelei hält sie ihn vom Schlafen ab.*

»Was fasle ich hier vom Tourismus«, sagte ich und kippte den Genever hinunter, um eine Ausrede für die Tränen zu haben, die mir in die Augen schossen. »Was habt ihr diesen Sommer vor?«

Ich hielt es nicht aus. Der Gedanke war mir unerträglich, dass irgendetwas meinen Sohn quälte. Dass ihm offenbar etwas so zusetzte, dass man es ihm ansah. Das war früher schon so gewesen, wenn er mit einem Gesicht wie sieben Tage Regenwetter aus der Schule heimkam. Man konnte noch so viel nachbohren, eine Antwort bekam man so gut wie nie. »Nein, es ist nichts. Wirklich nicht. Was soll denn sein?« Julia war nüchterner als ich. »Na und?«, sagte sie dann. »Frust. Er hat an irgendwas zu knabbern. Gehört dazu.«

Stefan rieb sich die Nase, dann das linke Auge. War es schon vorher so rot gewesen?

»Nein, wir bleiben wahrscheinlich hier«, sagte er. »Müssen uns ein bisschen einschränken, finanziell und so.«

»Wenn nur Geld das Problem ist …« Ich breitete die Arme aus. Es war immer ein heikler Punkt, mein Sohn nahm nicht ohne Weiteres Geld von mir an. »Betrachte es einfach als ein Darlehen. Wenn es euch wieder besser geht, zahlst du es mir zurück. Obwohl ich mir natürlich das Recht vorbehalte, die Rückzahlung zu verweigern«, fügte ich grinsend hinzu.

»Ich weiß nicht«, sagte er. »Vielleicht fahren wir ein paar Tage weg. Ein Freund von Hanna hat irgendwo in der Veluwe ein Ferienhaus. Da können wir immer hin.«

»Ach was, Unsinn!«, sagte ich etwas lauter als beabsichtigt, während ich mit der flachen Hand auf den Tisch schlug. »Sei doch nicht so albern! Nimm das Geld einfach mal an. Du musst mal raus, weiter weg, meine ich. Mietet euch was an der spanischen Küste, oder nein, nimm ein Hotel. Deine Mutter und ich, wir waren vor ein paar Jahren in Aiguablava, das ist wirklich fantastisch, kein Massentourismus, kleine Strände, wo man zu Fuß hinkommt. Das Essen ist auch herrlich. Mach so was mal und denk einfach nicht ans Geld.«

Ich redete vielleicht etwas zu begeistert daher, aber das kam vor allem durch zwei Schreckbilder, die vor meinem inneren Auge auftauchten. Das eine war das »Ferienhaus in der Veluwe«. Mit meiner Frau hatte ich vor langer Zeit, da hatten wir noch nicht mal Kinder, den Urlaub in einem Ferienhaus in der Nähe von Hoenderloo verbracht. Ein Ferienhaus in einer Ferienanlage mit einer ganzen Reihe anderer Ferienhäuser, die alle einen Namen hatten. Unseres hieß »Hansi Hase«, aber es gab auch »Daisy Duck« und »Onkel Dagobert«. Eine Aussicht hatte man nicht, die Bäume standen bis an die Fenster. Ich verstand sowieso nicht, wie Leute es mitten in einem Wald aushielten. Nein, in die Veluwe durften sie auf keinen Fall, das hieße das Schicksal geradezu herausfordern!

Das andere Schreckbild war, dass sie überhaupt keinen Urlaub machten. Dass sie den ganzen Sommer über zu Hause bleiben würden. Möglicherweise war ja alles nur halb so schlimm, würde sich in Wohlgefallen auflösen, aber es war vielleicht doch für alle Beteiligten besser, wenn es nach außen hin nicht so sichtbar wäre. Und außerdem war Distanz immer gut. In einer anderen Umgebung – aber bitte keine Hansi-Hase-Umgebung – würden sich die Spannungen vielleicht nicht so hochschaukeln. Ich sah das blaue Meer vor mir, die ruhige Wasseroberfläche mit den schaukelnden Booten in der Bucht von Aiguablava, und es schien mir so gut wie undenkbar, dass vor einem solchen Hintergrund die Dinge außer Kontrolle geraten könnten.

Zum ersten Mal seit der Geburtstagsparty konnte ich mir vorstellen, dass mein Sohn zu so etwas imstande war. Ich betrachtete sein müdes Gesicht und fragte mich, was sich genau geändert hatte. Wo es schiefgelaufen war.

Es lag mir auf der Zunge. *Sei mir nicht böse, ich möchte mich natürlich in nichts einmischen, aber du siehst schlecht aus. Ist irgendwas? Zu Hause? Etwas mit Hanna?* Aber ich sagte es nicht. Es würde vielleicht die gerade erst verheilten Wunden wieder aufreißen. Alles braucht seine Zeit, sagte ich mir wieder, erst dann können wir vorsichtig den Verband abnehmen.

»Darauf gehe ich übrigens auch in meinem neuen Buch ein«, sagte ich. »Auf das Glück des Zuhausebleibens. Viele Leute begreifen nicht, dass sie sich mit ihren Reisen an immer exotischere Orte todunglücklich machen. Früher hätte man nicht mal den Wunsch danach gehabt! Nur ganz vereinzelte Abenteurer oder Entdeckungsreisende suchten das Unbekannte, neunundneunzig Prozent der Menschheit blieben zu Hause und fühlten sich dabei total happy. Die Stille im eigenen Dorf, ein Sonnenauf-, ein Sonnenuntergang, der Wechsel der Jahreszeiten, Vögel, die ihr

Nest bauen, die Jungen, die aus den Eiern schlüpfen – dafür braucht man nicht nach Thailand oder an die Südspitze Chiles zu fahren. Die Zeit anhalten, darum geht es. Sich selbst anhalten. Wer sich selbst anhält, sieht, wie sich die Welt um ihn herum bewegt. Wer sich selbst bewegt, hat oft kein Auge für die Bewegung der Welt und steht im Grunde still.«

Zum ersten Mal, seitdem wir den *Engelse Reet* betreten hatten, lachte er.

»Ich hoffe, du kannst dich selbst noch hören«, sagte er. »Du klingst fast wie ein Sektenführer, entschuldige, dass ich das sage. Und warum willst du mich unbedingt loswerden, wenn ich die Zeit doch viel besser anhalten kann, indem ich zu Hause bleibe?«

Ich sah in sein lachendes Gesicht und beschloss, in sein Gelächter einzustimmen.

»Entschuldige, wenn ich mich da in was reingesteigert habe. Es hört sich bestimmt bescheuert an, aber wenn ich es einmal aufgeschrieben habe, liest es sich wieder ganz anders. Und außerdem glaube ich wirklich daran. Ich glaube wirklich, dass es der Menschheit gut bekommen würde, wenn die Mehrheit einfach zu Hause bliebe.«

Draußen umarmten wir uns zum Abschied wieder. Ich erinnerte ihn an mein Angebot. *Du siehst schlecht aus, ein bisschen Sonne würde dir nicht schaden.* Aber das sagte ich nicht. Ich sagte, er solle Aiguablava googeln. »Das Hotel heißt auch so«, sagte ich. »Wenn du die Fotos gesehen hast, rufst du mich garantiert an. Dann überweise ich dir das Geld.«

Ich sah ihm nach, als er in Richtung Spui ging. Sein Rücken. Was genau hatte sie gesagt, um ihn so weit zu kriegen? Was ist passiert, dachte ich, dass unser Sohn so etwas hat tun können? *So ist er nicht,* dachte ich. *So ist er nicht gewesen.*

Auch der Ehe und Ehekrächen habe ich in *Einfach leben* ein Kapitel gewidmet. Über den Streit als Vehikel, als Schmieröl, das gute Ehen in Gang hält. »Die Mär vom Streit« lautet der Titel des Kapitels: Es handelt von Leuten, die sich ständig streiten und der ganzen Welt verkünden, Streit gehöre nun einmal dazu, zu einer guten Ehe. Dass sie nicht sagen, »zu einer perfekten Ehe« ist alles, denn eigentlich meinen sie genau das. »Streitet ihr euch denn nie?«, fragen sie erstaunt. Das sei, meinen sie, kein gutes Zeichen, wenn man sich nie streitet. Oder sie schauen sich nur wortlos an. Ja, manche Leute glauben tatsächlich daran, dass Streiten eine heilsame Wirkung hat. Es ist ihnen auch egal, ob andere Zeugen ihrer Reibereien sind. *So wird's gemacht,* geben sie ihrer Umwelt durch die fürchterlichsten gegenseitigen Beschimpfungen zu verstehen. *Wir wollen euch nur zeigen, wie gesund unsere Beziehung ist. Wie leidenschaftlich. Gleich versöhnen wir uns wieder. Wo sonst als im Bett?*

Ursprünglich wollte ich das Kapitel »Das Klischee vom Ehestreit« nennen, aber fand schließlich »Mär« besser.

»Streitet ihr euch manchmal?«, fragte uns ein befreundetes Ehepaar, das wir neulich zum Essen eingeladen hatten. »Wir können uns das gar nicht vorstellen.«

Das stimmte, es war auch kaum vorstellbar. Aber viele Leute hören das natürlich liebend gerne. Deshalb warfen wir dem befreundeten Ehepaar ein paar Brocken hin.

»Natürlich streiten wir uns ab und zu«, sagte ich. »Das gehört doch zu jeder gesunden Beziehung, ist völlig normal. Was sage ich, es wäre unnormal, wenn man es nicht täte.«

Bei diesem ersten Statement sah ich meine Frau noch nicht an; das war unsere stillschweigende Vereinbarung, auch sie vermied jeglichen Blickkontakt.

»Er ist manchmal so stur«, präsentierte Julia den nächsten Leckerbissen. »Dann ist wirklich kein Auskommen mit ihm. Und ungeduldig! Alles muss bei ihm immer sofort geschehen. Wenn wir in ein Restaurant gehen, hat er sich noch nicht hingesetzt und schon mosert er, wo der Kellner denn bleibt.«

»Ungeduld ist ein Zeichen von Intelligenz«, warf ich ein. »Dem Trottel geht alles zu schnell. Überdurchschnittlich intelligente Menschen wissen, dass sich die meisten Dinge rascher erledigen lassen. Deshalb langweilen sie sich auch immer in der Schule.«

Jetzt erst sah ich meine Frau an; wir wussten beide, wie es weitergehen würde. Wir würden das befreundete Ehepaar nicht nur mit ein paar Anekdoten früherer Streitigkeiten unterhalten, nein, wir würden ihm *in real time* einen kleinen Zusammenstoß zum Besten geben. Um sie zu beruhigen. Dass wir genauso waren wie sie. Genauso menschlich. Mit all unseren Fehlern und Gebrechen.

»Du solltest dich einmal sehen«, sagte Julia lachend, während sie sich zum ersten Mal direkt an mich wandte, in der zweiten Person, wodurch dem befreundeten Ehepaar nicht länger die Rolle des teilnehmenden Publikums zugewiesen wurde – eines Publikums, das jederzeit Kommentar geben und sich für den einen oder anderen Standpunkt aussprechen durfte –, sondern es sich mit der des Zuschauers begnügen musste. Es hatte den Mund zu halten, bis die Vorstellung zu Ende war. »Man kann es dir einfach ansehen, wenn dir etwas nicht schnell genug geht. ›Warum kommt denn keiner? Wo bleibt das Bier? Wir haben doch schon vor einer halben Stunde bestellt.‹«

»Dabei bist du doch eigentlich immer diejenige, die sich über die Bedienung in Restaurants beklagt«, sagte ich. »Zu langsam. Uninteressiert. Unverschämt.«

»Ja, das stimmt. Aber in letzter Zeit ändert sich einiges. In den letzten Jahren. Es gibt immer mehr Jungs und Mädchen in den Restaurants und Kneipen, die aufpassen wie der Luchs, ob jemand etwas bestellen will. Und sie erkundigen sich auch nicht mehr jedes Mal, ob es geschmeckt hat. Das haben sie früher doch noch bei dem matschigsten Käsebrötchen gemacht. ›Hat es geschmeckt?‹ Aber die Zeiten sind nun wirklich vorbei.«

»Ja, das merkt man auch hier in unserem Viertel. All die neuen Lokale …« Ich wandte mich jetzt wieder an das befreundete Ehepaar. »Da gehen wir gerne hin. Nette Jungs, nette Mädels. Begeistert statt blasiert. Das haben sie kapiert, dass Leute gerne wiederkommen, wenn man freundlich zu ihnen ist. Sie normal behandelt, muss ich eigentlich sagen. Denn es ist natürlich völlig normal.«

So verlief das öfter bei uns. Diesmal vielleicht etwas zu

schnell. Nicht mal das Simulieren eines Streits kriegten wir richtig hin. Wir sahen einander an, Julia und ich – und brachen beide in Gelächter aus.

»Er ist zwar ungeduldig«, wandte sich jetzt auch Julia an unsere Gäste, »aber das gehört einfach zu ihm. Meist kann ich darüber lachen. Oder anders gesagt: Ich fände es richtig schade, wenn er auf einmal nicht mehr ungeduldig wäre. Man erlebt das manchmal bei Frauen, dass sie einen Mann heiraten, von dem sie von Anfang an wissen, was an ihm nicht stimmt. Was sich an ihm ändern muss. Er trägt beispielsweise gerne ein Jackett, das etwas verschlissen ist, in dem er sich aber besonders wohlfühlt. In den ersten Monaten ihrer Beziehung trägt er das Jackett noch jeden Tag, aber ein paar Wochen nach der Hochzeit steckt es schon mit ein paar Hemden, T-Shirts und Hosen in einem Plastikbeutel, der von der Heilsarmee abgeholt wird. Ein Bekannter von uns hatte zwei Hunde. Zwei Hunde und eine alte Katze. Irgendwann hatte er dann eine neue Freundin. Als sie ein halbes Jahr zusammen waren, heirateten sie. In diesem halben Jahr waren sie jedes Wochenende mit den Hunden am Strand spazieren gegangen. Noch keinen Monat nach der Hochzeit waren die Hunde weg. Sogar die alte Katze durfte nicht mehr zu Hause sterben, die neue Frau behauptete, sie sei allergisch gegen Katzen. Sie haben sie dann in eine Tierhandlung gebracht. Den Mann sehen wir zwar noch ab und zu, aber viel weniger als früher. Das hat auch mit seiner Frau zu tun. Unserer Meinung nach hat sie seinen ganzen Freundeskreis gescreent und jeden Einzelnen auf seine Eignung hin geprüft. Hin und wieder verabreden wir uns noch mit ihm allein in einer Kneipe, aber er ist nicht mehr derselbe. Als hätte er eine Gehirnoperation hinter sich und dabei hätte man ihm etwas Wesentliches rausgeschnitten. Und abgemagert ist er auch. Von seinen Ess- und Trinkgewohnheiten hielt seine Frau auch nicht viel. Weißt du noch, was ich zu dir gesagt habe, Tom? Er vermisst seine Hunde, habe ich gesagt. Wenn er so vor sich hin starrt, denkt er an seine Hunde und dass er nicht mehr mit ihnen am Strand spazieren gehen darf. Ohne seine Hunde ist er ein anderer Mensch geworden. Eine andere Persönlichkeit. Das haben wir hinterher noch zueinander gesagt. Wenn man ihn direkt darauf angesprochen hätte, ob er seine Hunde vermisse, wäre er wahrscheinlich auf der Stelle in Tränen ausgebrochen. Und deshalb spricht man ihn nicht darauf an, man möchte einen guten Freund doch nicht zum Weinen bringen. Aber hinterher haben wir beide gedacht: Vielleicht ist das noch das Schlimmste, dass er nicht nur seine Hunde verloren hat, sondern dass seine Freunde ihn auch nie darauf ansprechen.«

Ich sah, wie das Ehepaar an unserem Tisch meiner Frau zwar höflich zuhörte und immerzu nickte, aber beide schauten doch je länger, desto ratloser drein. Wir hatten ihnen einen Ehekrach versprochen oder zumindest den Bericht eines solchen, stattdessen wurde ihnen ein ideales Ehepaar vorgeführt, das zum Streiten ganz offensichtlich gar nicht in der Lage, das im Gegenteil in allem völlig einer Meinung war. *Wie spießbürgerlich,* sah ich sie denken – und sie hatten natürlich recht.

»Ich bin völlig einer Meinung mit meiner Frau«, sagte ich.

»Man sollte einander nicht ändern wollen. Sie hält mich zwar für ungeduldig, aber sie ist auch nicht perfekt. Nun ja, fast perfekt, aber eben nicht ganz.«

»Aha, jetzt wird er ungeduldig«, sagte Julia. »Aber wie gesagt: Mir gefällt sie, seine Ungeduld. Ich hätte mich vielleicht nie in ihn verliebt, wenn er nicht so ungeduldig wäre.«

»Julia zum Beispiel ist sehr zerstreut«, sagte ich. »Nicht andauernd natürlich. Aber manchmal. Ich bin mir sicher, das würde andere Männer ganz verrückt machen. Aber nicht mich. Ich liebe sie so, wie sie ist. Ihr guckt mich jetzt so komisch an, ihr glaubt mir vielleicht nicht. Ihr glaubt vielleicht nicht, dass sie überhaupt zerstreut ist. Ich gebe euch ein Beispiel.«

Ich warf meiner Frau einen Blick zu; sie wusste, was jetzt kommen würde. Es war immer dasselbe. Und gleichzeitig war es wahrscheinlich der beste Beweis für unsere ideale Beziehung: dass sie, obwohl ihr absolut klar war, wie extrem zerstreut sie in meiner Geschichte rüberkam, beim Zuhören immer vom Anfang bis zum Ende lächelte.

»Es ist fast dreißig Jahre her«, sagte ich. »Es war an einem Sonntag. Wir lagen noch im Bett. Julia las ein Buch. *Half Moon Street* von Paul Theroux. Ich suchte in der Zeitung nach einem Film, in den wir später am Tag gehen wollten. Irgendwann sage ich: ›He, weißt du, welcher Film auch läuft? *Half Moon Street*!‹ Sie lässt das Buch auf die Bettdecke sinken und sieht mich nachdenklich an. ›*Half Moon Street* … Das erinnert mich an irgendwas …‹«

Julia urteilt immer viel schneller als ich über andere Menschen – und meistens hat sie recht.

»Die ist aber ganz schön dominant«, hatte sie nach unserem allerersten Abendessen mit unserem Sohn und seiner zukünftigen Frau vor Jahren gesagt. »Wie die ihn behandelt! Als wäre er ein kleines Kind. Ich meine, das ist er natürlich auch noch ein bisschen, ein kleines Kind, aber trotzdem …«

Meine Frau erkannte es eher als ich. Nicht nur Hannas Dominanz, sondern auch das, was sie ihre »besserwisserische Seite« nannte. »So eine Frau, die immer alles besser weiß«, lautete ihr Endurteil. »Mit der wird es unser Sohn nicht lange aushalten.«

Was Letzteres betraf, sollte sie unrecht behalten. Mit einem tiefen Seufzer musste sie später einräumen, dass sie sich geirrt hatte. Im Übrigen hatte sie sich alle Mühe gegeben. Aus Rücksicht auf unseren Sohn übte sie zwar keine offene Kritik an seiner Frau, aber es blieb eine Art kalter Frieden. »Was sie jetzt wieder gesagt hat!«, rief sie nach unserer letzten gemeinsamen Weihnachtsfeier aus. »Hast du das gehört? Das ist doch nicht mehr normal.«

Ich weiß nicht einmal mehr, worum es ging. Um Farbstifte, glaube ich. Grelle Farben würden Kinder rappelig machen und aggressiv. Deshalb bekämen ihre Kinder nur Stifte mit den Farben Grau, Braun, Schwarz und Beige. Wir simulierten Begeisterung, wenn die Kinder uns ihre Zeichnungen zeigten. »Ach, wie schön!«, riefen wir im Chor, wenn wir eine Landschaft mit einem schwarzen Haus, einem grauen Baum, einer beigen Wiese und einer braunen Sonne betrachteten und uns bemühten, wie normale, liebe Großeltern zu klingen. »Malt ihr uns noch so eine?«

Als wir sie wieder einmal ein langes Wochenende bei uns hatten, reichte es mir. Ich ging in einen Schreibwarenladen und kaufte ihnen die teuersten Farbstifte, die ich finden konnte. Ich fühlte mich wie der Opa, der seinen Enkeln die von den Eltern verbotenen Süßigkeiten kauft: Lutscher, die sie zu Hause nie bekamen, Lakritze, Kuchen. Denn auch Lebensmittel mit zu viel Zucker waren streng verboten: auch die würden nur aggressiv machen. Also stattete ich auf dem Rückweg vom Schreibwarenladen der Konditorei einen Besuch ab. »Wer hat Lust auf eine Cola?«, rief ich, als Milan und Emma, entzückte Schreie ausstoßend, die Farbstifte auspackten. Ich füllte ihre Gläser bis zum Rand (es erübrigt sich hier wohl zu sagen, dass Cola auf Hannas Liste der verbotenen Getränke ganz oben stand) und stellte ihnen zwei große Schalen hin. In der einen eine riesige Sahnetorte, in der anderen die Lutscher, die Lakritze und die Marsriegel.

Und wurden unsere Enkelkinder jetzt etwa rappelig und aggressiv von diesem Zuviel an Farben und Zucker, die bei ihnen zu Hause verpönt waren? Und ob! Sie gerieten außer Rand und Band. Sie waren völlig aus dem Häuschen.

»Ihr braucht nicht erst zu fragen, ob ihr noch mehr nehmen dürft«, hatte ich gesagt, nachdem sie vorsichtig den ersten Marsriegel ausgepackt und mich fragend angesehen hatten. »Es ist alles für euch. Alles muss weg.«

Meine Frau hatte schmunzelnd zugesehen. »Wie willst du das nachher rechtfertigen?«, fragte sie, während Milan und Emma einander jagten und sich mit den Sofakissen bewarfen. »Sie werden das bestimmt nicht geheim halten.«

»Da bin ich mir gar nicht so sicher«, sagte ich. »Als ich dreizehn war, hat mein Opa mich mit in die Kneipe genommen, und ich bekam meinen ersten jungen Genever. ›Nimm ein Bierchen dazu, Junge‹, hatte er gesagt. ›Aber eins merk dir: Kein Wort davon zu deinen Eltern!‹ Und ich verstand das. Ich verstand, dass mein Opa mich nur dann öfter in die Kneipe mitnehmen würde, wenn ich zu Hause den Mund hielt. Und so ist es dann auch gewesen.«

Meiner Meinung nach war das ein gutes Beispiel dafür, wie man als Großvater etwas freier mit den Normen umgehen darf als die Eltern. Ist das nicht im Grunde die wichtigste Aufgabe von Großeltern: all die Familienregeln gelegentlich zu durchbrechen? Aber meine Frau schüttelte den Kopf.

»Sie sind keine dreizehn«, sagte sie. »Sie sind drei und fünf.«

»Von Genever ist ja auch keine Rede«, warf ich ein. »Du tust gerade so, als hätte ich ihnen einen Gin Tonic mit einem halben Gramm Koks serviert.«

Aber meine Frau hatte natürlich recht. Stefan würde noch darüber lachen können, aber Hanna würde dafür sorgen, dass wir unsere Enkelkinder nie mehr zu Gesicht bekämen.

Am Abend – die Kinder wollten partout nicht einschlafen; mit roten Köpfen von der Überdosis Zucker (und von all den Zeichnungen mit gelben Sonnen, grünen Bäumen und einem grellblauen Meer) lagen sie hellwach nebeneinander im Gästezimmer – brachte ich die Sache vorsichtig zur Sprache.

»Könnt ihr ein Geheimnis für euch behalten?«, flüsterte ich. »Ihr wisst, Mama mag grelle Farben nicht so und wenn sie erfährt, wie viel Süßigkeiten ihr hier gekriegt habt, wird sie ganz böse werden.«

Beide machten ein ernstes, fast besorgtes Gesicht, deshalb redete ich schnell weiter. »Wenn ihr das zu Hause erzählt, dann dürft ihr vielleicht nie mehr bei Opa und Oma übernachten. Versteht ihr das?«

Sie nickten. Ich holte tief Luft. Absichtlich hatte ich nicht von ihren Eltern gesprochen. Nur von ihrer Mama. Denn so war es doch. Mein Sohn ließ das alles ja nur geschehen, weil er sich nicht traute, seiner Frau zu widersprechen.

»Von den Süßigkeiten erzählt ihr zu Hause nichts«, sagte ich. »Und die Zeichnungen lasst ihr hier. Wir hängen sie in Opas und Omas Schlafzimmer auf. Ist das nicht schön? Dann könnt ihr sie euch immer angucken, wenn ihr bei uns seid.«

Ich hörte mich selbst reden und fühlte Wut in mir aufsteigen, die ich in unser aller Interesse so schnell wie möglich wieder unterdrückte.

»Im Bett liegen sie«, sagte ich zu meiner Frau, als ich nach einer halben Stunde runterkam. »Aber damit ist auch alles gesagt. Ich glaube, es wird eine unruhige Nacht.«

Ich schmiegte mich auf der Couch an sie, sie legte ihr iPad weg und strich mir durchs Haar.

»Aber das ist es uns doch wert«, sagte sie. »Oder etwa nicht?«

»Wir sind die liebsten Großeltern der westlichen Hemisphäre«, sagte ich. »Obwohl wir uns ja eigentlich nur völlig normal verhalten. Oder müssen wir uns jetzt schuldig fühlen, weil wir den beiden einen netten Nachmittag beschert haben? Apropos nett, was machen wir morgen?«

»Auf jeden Fall zu McDonald's«, sagte Julia, und wir brachen beide in Gelächter aus. Die Fast-Food-Kette stand natürlich auch auf Hannas schwarzer Liste. In den Big Macs und doppelten Cheeseburgern seien Stoffe, die süchtig machen, hatte sie einmal allen Ernstes behauptet. Schon nach einem Bissen würde man nur noch an Hamburger denken.

Eine der Säulen meiner Philosophie ist die Überzeugung, dass wir unsere schlechten Eigenschaften in gute umwandeln müssen. Oder besser gesagt: Wir müssen unsere schlechten Eigenschaften als unverzichtbaren Teil unserer selbst betrachten. Wer an den schlechten Eigenschaften herumdoktert, beschädigt das Gesamt der Bausteine, aus denen sich unsere Persönlichkeit zusammensetzt.

Der Mensch ist bequem. Lieber als die sich auf der Anrichte stapelnden Teller in die Geschirrspülmaschine einzuräumen, lümmelt er auf der Couch herum. Eigentlich müssten noch Einkäufe gemacht werden, das Brot ist alle und das Klopapier auch fast. Aber er liegt da so angenehm, er denkt nach – oder vielleicht ist »denken« hier ein zu großes Wort. »Er stellt Betrachtungen an« trifft die Sache besser, klingt aber eine Spur zu prätentiös. Er hängt seinen Tagträumen nach. Genau genommen liegt er auf der Couch herum und schlägt die Zeit tot. Die meisten Menschen fühlen sich deswegen schuldig, aber was kann man mit der Zeit Besseres anstellen, als sie totzuschlagen?

Wir alle machen ständig To-do-Listen. Wir sind zufrieden, wenn wir an einem Tag mehr als die Hälfte davon abhaken können. Am Ende des Tages fügen wir ein paar neue hinzu. Und am nächsten Morgen ist die Liste wieder genauso lang wie am Tag zuvor.

Nichtstun ist der Schlüssel zu einem glücklichen Leben. Also sollten wir keine To-do-Listen machen. Niemals. Nichts verdient es, auf einer solchen Liste zu stehen. Das ungespülte Geschirr auf der Anrichte sieht man ohnehin. Aber es kann genauso gut bis morgen warten. Alles kann bis morgen warten.

Meine einzige goldene Regel ist, dass man nie Dinge auf morgen verschieben darf, wenn man damit anderen schadet. Das Fahrrad, das man sich geliehen hat und das man schon gestern hätte zurückbringen wollen und das inzwischen auch noch einen Platten hat, muss auf jeden Fall heute zurückgebracht werden. Alles, was man für andere tun kann, sollte man am besten heute noch erledigen. Am besten gleich. »Hast du das jetzt schon gemacht?«, fragt der andere überrascht. »Das ging aber fix!«

Man nimmt sich etwas vor, etwas, was nur einen selbst betrifft, und lässt es dann doch lieber bleiben. Da man so vernünftig war, niemanden in sein Vorhaben einzuweihen, kann einem auch niemand Vorwürfe machen, wenn man es einen stillen Tod sterben lässt. Ich habe nichts unternommen, sagt man zu sich selbst, aber ich brauche mir auch nichts vorzuwerfen.

Eine Zeit lang war ich mir unschlüssig, ob die Eheprobleme meines Sohnes in die Kategorie des ungespülten Geschirrs gehörten oder in die des nicht zurückgebrachten Fahrrads. Schadete ich jemandem, wenn ich vorläufig den Dingen ihren Lauf ließ? Ich hatte meiner Schwiegertochter versprochen, mit meinem Sohn zu reden. Das hatte ich getan. Sogar eher als beabsichtigt. Dass ich das, was ich eigentlich zur Sprache hätte bringen sollen, nicht berührt hatte, hieß noch lange nicht, dass ich tatenlos geblieben war. Denn auch dadurch, dass wir etwas unterlassen, tun wir etwas, wie ich nicht oft genug betonen kann.

Wir lümmeln auf der Couch herum, das schmutzige Geschirr wird uns keine Vorwürfe machen, wenn wir noch ein wenig mit dem Einräumen der Spülmaschine warten. Es wird nicht schmutziger, höchstens backen die Essensreste etwas gründlicher an. Den meisten Dingen tut Aufschub gut. Ich lag auf der Couch, die Hände hinter dem Kopf verschränkt, und dachte über die beste Strategie nach. Ein zweites Gespräch mit meinem Sohn. *Hör mal, wir müssen reden. Über dich und Hanna. Vielleicht möchtest du etwas loswerden.* Doch da fing die Schwierigkeit schon an. Ich müsste einen ernsten Ton anschlagen. Ich versuchte, mir den weiteren Verlauf des Gesprächs vorzustellen. Es würde jedenfalls nicht wieder im *Engelse Reet* stattfinden, sondern in einem Park, noch besser einem Wald: ja, im Amsterdamer Stadtwald. Im Auto würden wir noch über Gott und die Welt reden. Über die Neuzugänge bei Ajax, die Aussichten von PSV in der Champions League. Und dann, während wir den langen geraden Weg an der Regattastrecke entlanggingen, würde ich auf einmal schweigsamer werden. In Gedanken würde ich schon einmal den ernsten Ton üben, wie ein Musiker, der vor dem Konzert sein Instrument stimmt. *Stefan ...* ein Räuspern. *Stefan, es gibt da etwas, was ich dich von*

Mann zu Mann, von Vater zu Sohn fragen möchte. In meiner Vorstellung waren gerade Ruderboote auf dem Wasser. Oder zumindest ein Ruderboot mit vier Ruderern. Ich würde warten, bis sie uns überholt hätten: noch ein Ruderschlag, noch zwei … Und da hörte meine Vorstellung plötzlich auf. Wir redeten kein Wort. Schweigend würden wir den ganzen Weg zurücklegen.

Auch an Julia dachte ich. Ich würde ihr nachträglich erzählen, was ich ihr verschwiegen hatte. Warum hatte ich das eigentlich nicht schon früher getan? Seit ihrem Geburtstag war inzwischen ein Monat verstrichen. Ich hätte es ihr gleich sagen sollen oder eben gar nicht, aber auf keinen Fall erst nach einem Monat. Sie würde mir völlig zu Recht vorhalten, diese Sache sei viel zu wichtig, als dass ich sie ihr hätte verschweigen dürfen. Vielleicht hätte ich mich dann noch aus der Affäre ziehen können: Ich würde mich entschuldigen, ich würde sagen, ich hätte sie nicht damit belasten wollen. Vielleicht sei es ja etwas Einmaliges. Soweit ich wisse, habe sich die Sache nicht wiederholt. Vielleicht sei es ja nur ein Ausrutscher gewesen, er hatte es bestimmt längst bereut.

Aber in Gedanken hörte ich die Stimme meiner Frau. Sie stand am Fußende derselben Couch, auf der ich jetzt, die Hände hinter dem Kopf verschränkt, vor mich hin sinnierte. Buchstäblich passiv. *Du hast nichts unternommen? Überhaupt nichts? Und warum durfte ich es nicht erfahren?*

In der Tat, warum durfte sie nichts erfahren? In dem Moment, in dem ich mir diese Frage stellte, wusste ich auch schon die Antwort.

Weil es uns dann beide beträfe. Es würde eins der vielen Dinge – Hypothek, Geburt, Krankheit, Tod –, die Ehepaare miteinander besprechen müssen. Die Angelegenheit würde förmlich nach einer Lösung schreien. Meine Frau war zwar unserer Schwiegertochter gegenüber voreingenommen, aber ein Mann, der seine Frau misshandelte – auch wenn dieser Mann ihr Lieblingssohn und die Frau die Schwiegertochter war, die sie lieber nicht gehabt hätte –, das würde auch ihr einen Schritt zu weit gehen. Sie würde beide sofort zum Essen einladen und die Angelegenheit noch vor dem Hauptgericht aufs Tapet bringen. Ja, das würde passieren: Es würde geredet werden, die Augen würden schuldbewusst gesenkt, Vorwürfe würden offen ausgesprochen werden – und danach würde nichts mehr sein, wie es gewesen war.

Stefan würde Besserung geloben, aber nicht ohne vorher seine Sicht der Dinge zu schildern. Wie sehr Hanna ihn manchmal beenge, wie sehr sie ihm mit all ihren Regeln und Verboten auf der Pelle sitze. »Natürlich«, würde er sagen, »natürlich darf das niemals ein Grund sein, sie … zu tun, was ich getan habe, aber ihr habt es nie miterlebt. Ihr habt nie gehört, welchen Ton sie manchmal mir gegenüber anschlägt, als ob ich ein Kind wäre … nicht, nicht mal das, vor einem Kind hat sie mehr Respekt als vor mir. Als würde sie mich für schwachsinnig halten, für zu dumm, um etwas …, um eine Frau zu verstehen.«

Da würde Julia schon verständnisvoll nicken und die Wut auf ihre Schwiegertochter kaum mehr unterdrücken können. Woher nahm Hanna die Dreistigkeit! Sie, Julia, wusste genau, was er meinte. Nein, wir hatten es nie miterlebt, bei ihnen zu Hause, aber diesen besserwisserischen Ton, den hatten wir oft genug gehört, den kannten wir zur Genüge.

Es würde Partei ergriffen werden. Es würden sich Parteien bilden. Vielleicht würde sich mein Sohn für seine Frau und gegen seine Mutter entscheiden. Denn ein Gespräch, in dem keiner ein Blatt vor den Mund nimmt, kann auch alles infrage stellen.

Die Mediziner haben dafür einen Fachausdruck. Sie sprechen von »konservativer Behandlung«. Diese Form der Therapie wird oft bei Bandscheibenvorfällen und Meniskusschäden angewandt, aber immer öfter auch bei ernsteren, lebensbedrohlichen Erkrankungen, bei denen man sich zwischen chirurgischem Eingriff und Abwarten entscheiden muss. In den letzten Jahren gewinnt die konservative Behandlung immer mehr an Boden. Statt sofort zu operieren, wartet man erst einmal ab. Wenn sich die Beschwerden nicht verschlimmern, verzichtet man sogar auf einen Eingriff.

Der Patient hat ein Mitspracherecht. Eine Operation kann die Lösung sein, ist aber nie ohne Risiko und kann zu dauerhaften Schäden führen.

Ich würde Julia nichts sagen – vorläufig jedenfalls nicht.

Die Menschheit lässt sich in zwei Kategorien unterteilen: die Zufriedenen, die man in vielen Fällen sogar die »Glücklichen« nennen kann, und die Unzufriedenen. Sie sind über alle Bevölkerungsgruppen gleich verteilt. Es gibt die zufriedenen Sozialhilfeempfänger und die unzufriedenen Millionäre. Im Allgemeinen sind die materiellen Bedürfnisse der Unzufriedenen größer als die der Zufriedenen, ungeachtet ihres sozialen Status. Ein Unzufriedener lässt sich die teuerste Espressomaschine aus Italien kommen, doch schon nach zwei Tassen zieht er den einen Mundwinkel missbilligend nach unten. Der zufriedene Sozialhilfeempfänger kommt an einem Eiswagen vorbei, er tastet nach Kleingeld in der Hosentasche – er weiß, es ist sein letztes Geld – und kauft sich ein Eis.

Wir hatten uns in einer der neuen hippen Kneipen in unserem Viertel verabredet. Ich betrachtete das Gesicht meiner Schwiegertochter. Ein unzufriedenes Gesicht. Ja, das war es, ein hübsches, aber unzufriedenes Gesicht. Eins, das nie glücklich dreinblicken würde. Seine Besitzerin würde nur immer mehr und mehr haben wollen. Die Espressomaschine. Das kurze Glücksgefühl nach jeder neuen Anschaffung. Ich konnte es eigentlich ganz gut nachvollziehen. Ich dachte an meine eigene Aufregung, als ich mir den Jaguar zugelegt hatte und dann den Range Rover. An das Durchblättern der Broschüren. Das Auswählen der Felgen auf der Webseite. Es war wie mit der Vorfreude auf den Urlaub: die Straßenkarten, die Reiseführer, das blaue Wasser im Swimmingpool des Hotels. So blau wie auf der Seite von booking.com war es in Wirklichkeit nie, und das Hotel lag an einer auf den Fotos nicht sichtbaren vierspurigen Autobahn. Ein neues Auto war eben ein neues Auto. Die ersten Tage roch es auch noch neu. Danach wurde es ein ganz normales Transportmittel.

Ich betrachtete Hannas inzwischen nicht mehr lädiertes Gesicht, blickte in ihre schönen, aber unzufriedenen Augen – und mich überkam Mitleid. Nie würde sie erfahren, wie einfach es ist, glücklich zu sein. Es passierte im Handumdrehen, blitzschnell – und schon hatte sich das unzufriedene Gesicht in eines verwandelt, das mich rührte. Ich betrachtete Hanna jetzt wie jemanden, den es zu beschützen galt, ein Tier, das halb blind aus der Erde gekrochen kommt und noch gar nicht begreift, wo es ist. Ich sah ihr in die Augen und versuchte, ihr ohne Worte mitzuteilen, dass der Weg zum Glück nicht lang und schwierig ist, sondern ganz einfach und in Reichweite.

Statt in ihr die verwöhnte, unzufriedene Frau zu sehen, die mein Sohn nie hätte heiraten dürfen, könnte ich ihr vielleicht helfen. *Ein Projekt,* durchfuhr es mich, und jetzt musste ich jeden Anflug eines Lächelns vermeiden. Sie würde mich garantiert fragen, was es denn zu lachen gebe.

Ja, ich würde sie eigenhändig aus dem Sumpf der Unzufriedenheit ziehen, in dem sie ihr ganzes Leben lang bis zu den Knien gestanden hatte. Es würde mein bis dato ehrgeizigstes Projekt sein. Und ich würde ein Buch darüber schreiben: *Die unzufriedene Frau.* Nein, das war viel zu negativ. *Das verirrte Mädchen.* Ich durfte mir nichts vormachen. Es handelte sich um das, was Leute mit dem schrecklichen Begriff »Win-win-Situation« bezeichnen. Wenn ich meiner Schwiegertochter den Weg zum Glück ebnen könnte, würde ich Millionen von unzufriedenen Lesern eine Perspektive bieten. Scheiterte das Projekt, würde das nur meine Theorie untermauern, dass sich die Menschheit in Zufriedene und Unzufriedene unterteilen lässt.

Aber weshalb sollte ich so viel Zeit auf jemanden verwenden, der zum Glücklichsein einfach nicht imstande war? Der keine Ahnung hatte, dass das Glück ganz nahe liegt und nicht in weiter Ferne, hinter einem in Nebel gehüllten, unsichtbaren Horizont – der immer davon überzeugt sein würde, es sei ihm nicht beschieden.

Vielleicht war mein Sohn für sie genau das gewesen: die neue Anschaffung. Die Espressomaschine. Sie hatte ihn auf irgendeiner Party kennengelernt, einen Jungen, der, eine Bierflasche in der Hand, in der Küche an der Spüle lehnte – und sie hatte ihn auf die Tanzfläche gezogen. *So, der gehört mir!* Und dann war sie so wie mit allen anderen Anschaffungen unzufrieden mit ihm geworden. Vielleicht schon nach der ersten Nacht. Sie hatte das Blättern in der Broschüre einfach übersprungen. Die erste Phase der Verliebtheit, all die schlaflosen Nächte, in denen man nur noch an eins denkt – oder an alles gleichzeitig: sein Haar, wie es ihm in die Stirn fällt, sein Mund, seine Hände. Sie stellt sich vor, wie sie ihm durchs Haar streicht, wie sie ihn hinten am Schopf fasst beim ersten Kuss, wie seine Hände überall sind. Aber nein, so war es nicht gelaufen. Sie hatte ihn sich auf der Party geschnappt, ihn an der Hand auf die Tanzfläche geführt: ein geeigneter Mann, ein Mann, mit dem man eine Familie gründen konnte. Beim Tanzen hatte sie ihn geprüft. Während der ersten langsamen Nummer hatte sie ihm die Arme um die Taille gelegt, eine Hand unten auf seinem Rücken, die andere noch weiter unten, auf seinem Hintern. Sie hatte erst das Fleisch geprüft und dann sein Gesicht. Aus seinen Augen sprach unverkennbar Intelligenz. Er hatte einen männlichen Mund. Ihre zukünftigen Kinder würden von ihnen beiden die richtigen Eigenschaften erben. Es würden Kinder, von denen andere behaupten, sie seien »gut geraten«.

Sie presste ihre Lippen auf seinen Mund.

»Komm, wir gehen«, sagte sie. »Lass uns bei mir zu Hause noch was trinken.«

Doch schon gleich nach der ersten Nacht hatte sie so etwas wie Reue empfunden. Die Espressomaschine machte zu viel Lärm und nahm doch recht viel Platz ein auf der Anrichte. Im Schlaf sah der junge Mann auf einmal ganz gewöhnlich aus im ersten Tageslicht, das durch den Vorhangspalt fiel. Würden es etwa doch nur ganz gewöhnliche Kinder werden? Kinder, die man am liebsten nicht herumzeigt, mit denen man jedenfalls nicht voller Stolz durch den Zoo oder den Vergnügungspark spaziert.

Wir plauderten ein wenig, zum ersten Mal überhaupt. Über alles Mögliche. Normale Sachen. Dann brachte ich vorsichtig das Glück ins Spiel. Wie nahe es sei, fast in Reichweite.

Im Rückblick lässt sich festhalten, dass ich den falschen Ansatz verfolgte, indem ich in meiner Schwiegertochter die Hauptverantwortliche für ihre Eheprobleme sah. Als würde man nicht dem Brandstifter, sondern den Materialien, aus denen das Haus gebaut ist, die Schuld am Brand geben. »Alles aus Holz! Kein Wunder. Das brennt natürlich wie Zunder.« Aber hatten mich meine unorthodoxen Ansätze in der Vergangenheit nicht zum Millionär gemacht?

Wie bei all meinen erfolgreichen Büchern folgte ich auch in diesem Fall meiner Intuition. Den logischen Ansatz klammerte ich so lange wie möglich aus. Logisch wäre gewesen, meinen Sohn direkt auf sein Verhalten anzusprechen. Gewalt gegen die eigene Frau, das tut man einfach nicht, jedenfalls nicht in unserer Kultur. Gewalt ist immer das allerletzte Mittel und im vorliegenden Fall nur ein Zeichen der Ohnmacht. Ich würde ihm eine Predigt halten. Eine Predigt mit erhobenem Zeigefinger. Er würde demütig den Kopf senken, sich entschuldigen und mir versichern, es würde nie wieder vorkommen.

Ja, so würde es laufen. Es würde nie mehr passieren, monatelang nicht – bis es dann doch wieder passierte. Vielleicht sollte mein Sohn sich einer Therapie unterziehen, um seine Wutausbrüche kontrollieren zu lernen. Doch wie ich schon früher gesagt und in *Einfach leben* geschrieben habe:

Ein aggressiver oder aufbrausender Charakter ist an sich nichts Negatives. Ein Vulkan speit Feuer und Lava. Wir können einen Betonpfropfen in den Krater hinablassen, ihn zuschütten, doch damit ist die Lava noch nicht verschwunden, höchstens vorübergehend den Blicken entzogen. Unter dem Pfropfen gärt und brodelt es weiter – bis er dem Druck aus der Tiefe nicht mehr standhält und mit lautem Getöse gen Himmel geschleudert wird.

Menschen ausschließlich von ihren aggressiven Neigungen heilen zu wollen, ist der falsche Weg. Mit der Aggression erstickt man auch anderes – und zerstört es. Zugegeben, mein Sohn war impulsiv. Er stritt sich mit seiner Frau. Irgendwann wusste er sich nicht mehr mit Worten zu wehren. Mit der gleichen Impulsivität holte er eines Nachmittags die Kinder früher von der Schule ab und nahm sie mit zu einem Picknick am Strand. »Die paar Unterrichtsstunden«, soll er bei dieser Gelegenheit gesagt haben, »es gibt wichtigere Dinge im Leben.« Eine Aktion, die ihm einen gehörigen Rüffel von seiner Frau eintrug.

Psychologen versuchen, den Menschen dabei zu helfen, eine bessere Version ihrer selbst zu werden. Ich bin kein Psychologe. Ich glaube nicht an bessere Versionen. Lange Zeit war ich sehr schüchtern (bin es auch in gewisser Weise noch, aber es ist, um es mal so zu nennen, eine handhabbare Schüchternheit geworden). Ein Psychologe hätte mich zweifellos von meiner Schüchternheit befreien können, aber ich wollte gar nicht befreit werden. Ich bin mit mir zufrieden, einschließlich Schüchternheit. Vielleicht wäre ich ohne sie glücklicher geworden, aber das wollte ich eben nicht.

Heutzutage zielt alles darauf ab, »gesunde Menschen« aus einem zu machen, äußerlich wie innerlich. Wir sollen gut aussehen, gesund essen, nicht rauchen, nicht zu viel trinken. Und auch in unserem Kopf soll sich alles möglichst effizient abspielen. Mit Yoga, Meditation und Mindfulness schalten wir unser Gehirn in den Leerlauf-Modus. So haben auch Leute, die man noch nie bei einem einzigen originellen oder eigenständigen Gedanken ertappt hat, das Gefühl, ihrem Leben Sinn und Inhalt zu geben. Spontaneität, Impulsivität, Jähzorn geraten immer mehr in Verruf, genauso wie Rauchen, Trunkenheit oder der Verzehr eines Big Tasty bei McDonald's.

Mit Tabletten befreien wir Menschen von ihren Depressionen, ihrer Hyperaktivität, wir heilen ihre Schlafstörungen und bringen die Stimmen in ihrem Kopf zum Schweigen. Doch gleichzeitig zerstören wir dabei auch etwas. Der lustige, hyperaktive Junge ist auf einmal nicht mehr lustig. Er ist ruhiger und stiller geworden, aber auch sehr viel langweiliger. Der auf die Stimmen in seinem Kopf lauschende Schizophrene hört jetzt nur noch die Stille. Früher überraschte er alle gelegentlich mit einer scharfsinnigen Bemerkung, aber seit er die Stimmen nicht mehr hört, sagt er selbst auch nicht mehr viel.

»Was liebst du an Stefan am meisten?«, fragte ich Hanna bei unserem ersten Treffen. »Woran denkst du, wenn du ihn vermisst?«

Wir verabredeten uns öfter, immer in derselben angesagten Kneipe. Beim ersten Mal lachte mich der Barkeeper, ein bärtiger Hipster in schwarzem T-Shirt, aus dessen Ausschnitt sich die Tätowierung eines Feuer speienden Pokémon kräuselte, verschwörerisch an, als er meine junge Begleiterin sah. Beim dritten Mal zwinkerte er mir schon unverschämt zu.

Bei diesem dritten Treffen beschloss ich, auch das heikelste Thema anzuschneiden, das größte Hindernis auf ihrem Weg – auf ihrer beider Weg – zum Glück. Oder wenn das sich als unerreichbar herausstellen sollte, dann zumindest auf dem Weg zur Zufriedenheit.

»Du hast damals gesagt, es ist nicht das erste Mal«, sagte ich und beugte mich näher zu ihr; ohne es zu merken, hatte ich die Stimme gesenkt, ich flüsterte fast. Solange ich die Probleme locker anging, würde auch Hanna eher dazu bereit sein.

Ein Muster, das war es, wovor ich mich am meisten fürchtete. Dass es sich bei meinem Sohn um ein Verhaltensmuster handelte.

Sie nickte. Meine Hand schloss sich fester um die Bierflasche (Vedett, eine belgische Biermarke), ich spürte die Kälte an den Fingerspitzen.

»Hatte er dich schon mal …?« Um das Flüstern loszuwerden, redete ich viel zu laut. Ich schaute mich um, aber die Kneipe war halb leer, und niemand beachtete uns.

»Einmal hat er mich im Schrank eingesperrt«, sagte sie. »In den Schrank unter der Treppe, weißt du? Also da. Er hat mich einfach hineingeschoben und den Schlüssel umgedreht. Was ist?«

»Bitte?«

»Ich weiß nicht, du guckst, als ob du das lustig findest.«

Ich hatte es mir einfach vorzustellen versucht: wie mein Sohn seine sich sträubende Ehefrau in einen Schrank schiebt. Es war eher wie eine Szene aus einer Sitcom als etwas, was sich in seinem Leben abspielte.

Mein Gesicht hatte mich offenbar verraten.

»Entschuldige«, sagte ich. »Das war wirklich nicht meine Absicht, ich musste nur … Wie lange hat es denn gedauert?«, fragte ich rasch, um mich nicht weiter erklären zu müssen.

»Ein paar Minuten nur. Vielleicht nicht mal länger als eine Minute. Aber es ging um das Machtgefühl. Natürlich ist er stärker als ich, aber um das zu beweisen, braucht er mich nicht erst in einen Schrank einzusperren wie ein ungezogenes Kind.«

»Und sonst? Die anderen Male?«

»Einmal stritten wir uns in einem Restaurant. Wir waren mit Freunden dort. Er ist mir zu den Toiletten gefolgt. Im Flur bei der Garderobe hat er mich so fest in den Arm gekniffen, dass ich am nächsten Morgen einen riesigen blauen Fleck hatte.«

Ist das alles?, hätte ich beinahe gesagt, beherrschte mich aber noch rechtzeitig. Ein Schrank? Ein blauer Fleck? Ich stieß einen Seufzer der Erleichterung aus. Zugegeben, es war nicht lustig, in einen Schrank eingesperrt zu werden, es war höchstens komisch. Mein Sohn verhielt sich in der Tat etwas absonderlich, darum sollte man nicht herumreden. Aber ein Muster konnte ich darin doch beim besten Willen nicht erkennen.

»Und du?«, fragte ich. »Weißt du noch, was du selbst damals getan oder gesagt hast?«

Sie sah mich verständnislos an.

»Ich meine, kannst du dich noch an den Anlass erinnern? Was war passiert, bevor er dich in den Schrank gestoßen hat? Worüber hattet ihr euch im Restaurant gestritten?«

Ich hatte meiner Frau nichts von meiner Verabredung mit Hanna gesagt. Es schien mir besser, erst das Ende meines Projekts abzuwarten. Irgendwann würde unsere Schwiegertochter von sich aus, etwa bei einem Essen bei uns, auf ihre Eheprobleme zu sprechen kommen. Auf die Eheprobleme, die, Gott sei Dank, hinter ihnen lagen – dank meiner Hilfe.

»Tom hat mir damals ganz toll geholfen«, würde sie sagen. »Dafür bin ich ihm immer noch dankbar.«

Mein Sohn würde nur etwas blöde dazu lachen.

Manchmal lag ich nachts wach und ertappte mich dabei, dass ich an Hanna und ihr unzufriedenes Gesicht dachte. Hanna, die nie glücklich werden würde, weil sie die Espressomaschine schon nach einem Tag wieder überhatte. Meine Schwiegertochter, die ständig neue Sachen aus Katalogen anschaffte, von denen sie sich ein glücklicheres Leben erhoffte. Einen TV-Tisch auf Rädern für sechshundert Euro, einen Stabmixer aus Finnland, Topfhandschuhe aus Kanada.

Mir wurde klar, dass sich etwas in mir gegen ihr Glück sperrte. Dass ich diese Frau in ihrer Unzufriedenheit sehr viel reizvoller fand als in den seltenen Momenten, in denen sie sich entspannte und an nichts zu denken schien.

Könnte es sein, so fragte ich mich eines Morgens um halb sechs, als ich den ersten Bus von der Haltestelle abfahren hörte, könnte es sein, dass man dieser Frau einen wesentlichen Teil ihres Charmes nimmt, wenn man sie glücklich macht? Ist es nicht gerade ihre Unzufriedenheit, die sie so reizvoll macht, reizvoller jedenfalls, als eine glücklichere Version ihrer selbst es je sein könnte?

Das Einzige, was ich mir vielleicht vorzuwerfen habe, ist, dass ich es zu spät erkannt habe. Mein Verhalten ähnelte noch am meisten dem eines Siebzehnjährigen – so fühlte es sich zumindest an. Auf Außenstehende wirkte ich wohl eher wie ein alter Mann, der durch den Nebel tappt. *Er hat die Orientierung verloren, total die Orientierung verloren.* Am nächsten Morgen finden sie ihn zähneklappernd und völlig durchgefroren in einer Scheune, in der er die Nacht verbracht hat.

Das erste Mal, als ich nachts wach lag, glaubte ich noch, ich würde nicht an sie denken, sondern nur unser Gespräch noch einmal Revue passieren lassen. Doch schon bald merkte ich, dass ich mich mehr und mehr darauf konzentrierte, wie sie etwas sagte, welche Gesten sie dabei machte. Sie hatte eine besondere Art, die Hände zu bewegen, manchmal krümmte sie dabei die Finger, als würde sie einen Apfel pflücken; sie hatte schöne lange Finger, perfekte Fingernägel, nicht zu lang und entsprechend ihrer Abneigung gegen grelle Farben waren sie meist dunkelbraun oder sogar fast schwarz lackiert.

Nachts lag ich wach und dachte an sie. Nur noch an sie.

Man kann wach liegen und sich Sorgen über den nächsten Tag machen: Morgen bin ich nichts wert, denkt man und dreht sich ächzend auf die andere Seite. Aber ich wollte nichts lieber, als mich wertlos zu fühlen. Ich wollte vor allem nicht einschlafen. Ich wollte wach bleiben und an sie denken.

Ich redete mir ein, dass ich nichts Ungehöriges tat. Es waren nicht die erotischen Fantasien eines alternden Mannes. Kein *Tod in Venedig*. Es würde nie etwas passieren. Ich würde nur im Stillen ihre Anwesenheit genießen. Ihre Nichtanwesenheit. Mehr als das würde nicht passieren. Es machte mir gute Laune, und mehr wollte ich nicht. Es gab ja Filme und Bücher genug darüber: Vater fängt eine Liaison mit der Frau seines Sohnes an. Es waren nicht die besten Bücher, nicht die besten Filme. Eine solche Rolle wollte ich nicht spielen.

Und außerdem war ja auch meine Frau noch da. Würde sie so etwas überleben? *Setz dich doch bitte mal hin, ich muss dir was sagen.* Schon beim Gedanken an so eine Szene brach ich fast in Lachen aus. Aber vielleicht würde ja sie in Lachen ausbrechen. Ich wusste nicht genau, was schlimmer war: Die Frau, mit der du schon dein halbes Leben zusammen bist, schluchzt herzzerbrechend und gibt dir den Laufpass, oder sie lacht dich bloß aus, den Kopf auf die Hände gestützt. Ganz kurz fragst du dich, ob sie nicht doch vielleicht weint. Aber dann siehst du, wie sie sich schüttelt vor Lachen. »Ach, Tom!«, ruft sie atemlos. Sie ist zwischen den Lachsalven kaum zu verstehen. »Dass ich das noch erleben darf! Mit der Frau deines Sohnes! Ach, wenn du dich doch da sitzen sehen könntest. Du warst unartig, Tom. Sehr unartig. Du hast den Fußball durch die Fensterscheibe geschossen und jetzt kommst du ihn dir holen und willst bestimmt, dass ich ihn dir zurückgebe, nicht wahr?«

Wie keine andere wäre Julia in der Lage, mir das Lächerliche der Situation vor Augen zu führen. Ab jetzt wäre nichts mehr dasselbe. Das nächste Mal, wenn ich Hanna traf, die nächste Nacht, in der ich wach lag und an sie dachte, würde ich ständig meine Frau vor mir sehen, wie sie sich vor Lachen bog.

Solange ich es also für mich behielt, war alles in Ordnung. Ich fügte niemandem Schaden zu – außer vielleicht langfristig mir selbst, aber das war ein bisschen wie mit dem Rauchen und Trinken: Natürlich war es schädlich, und wir würden ja auch damit aufhören, radikal aufhören – nur heute noch nicht.

»Weißt du …«, sagte Hanna nach der dritten oder vierten Verabredung. »Ich wollte dir das schon länger sagen. Ich komme in deiner Gegenwart immer ganz zur Ruhe. Du strahlst etwas aus, eine Art völliger Entspannung. Vielleicht bist du dir dessen gar nicht bewusst. Oder haben dir das andere auch schon gesagt?«

Ich sah sie an, sah ihr in die Augen, aus denen jede Spur von Unzufriedenheit verschwunden zu sein schien.

»Und ich merke es daran, wie du mich ansiehst«, fuhr sie fort, ohne meine Antwort abzuwarten. »Die gleiche Ruhe. Als würdest du nichts verheimlichen. Als wäre alles echt.«

»Ja«, sagte ich – und weiter sagte ich nichts. Weil meine Fantasie schon mit mir durchging. Es ist noch Hoffnung, dachte ich. Wenn meine Schwiegertochter ein Projekt ist, dann ist es womöglich das beste Projekt, das ich je in Angriff genommen habe.

Ich hätte es dabei belassen sollen. Ich hätte eher begreifen müssen, dass man in der Tat nicht versuchen soll, Menschen zu ändern, wie ich es selbst in *Einfach leben* ja immer wieder betone. Das ist aber auch das Einzige, was ich bereue.

»Ich habe es ihm gesagt«, sagte Hanna bei dem, was unser letztes Treffen in der hippen Kneipe werden sollte.

»Was?«, fragte ich überflüssigerweise, denn ich spürte es in den Kuppen meiner Finger, die die Bierflasche umklammerten. Es war, als würden sie die Kälte des Glases auf einmal nicht mehr durchlassen, oder vielleicht war es vielmehr so, dass sie genauso kalt waren wie die Flasche und deshalb keinen Temperaturunterschied registrierten.

»Dass wir uns sehen«, sagte sie. »Dass wir uns öfter getroffen haben, um über sein Verhalten zu reden.«

Ich schwieg, war drauf und dran, die Bierflasche loszulassen und ihre Hand zu nehmen, die neben ihrem Weinglas auf dem Tisch lag.

»Ich habe es ihm auch gesagt, weil ich glaube, dass wir damit aufhören müssen«, sagte Hanna. »Mit dem hier. Du hast mir wirklich geholfen, aber jetzt muss es aufhören.«

»Aber warum?« Ich legte meine Hand auf ihre, aber sie zog sie sofort zurück.

»Deswegen«, sagte sie. »Vielleicht merkst du es selbst gar nicht, Tom. Aber es ist die Art, wie du mich ansiehst. Letztes Mal. Ich habe es an deinem Blick gemerkt. Ich sehe einfach, wie du mich ansiehst. Und das ist nicht gut. Weder für mich noch für dich. Es ist einfach besser, wenn wir uns eine Weile nicht mehr sehen.«

»Aber beim letzten Mal hast du doch noch gesagt, wie ruhig meine Gegenwart dich macht. Wenn ich dich ansehe.«

Sie seufzte; ihre Hände befanden sich jetzt unter dem Tisch. »Ich wollte dir etwas Nettes sagen, Tom. Weil ich geglaubt habe, du willst mir wirklich helfen. Und in dem Moment wurde mir auf einmal klar, *wie* du mich ansiehst.«

»Hast du ihm das auch gesagt? Stefan? Wie ich dich ansehe?«

»Noch nicht, aber ich tue es noch. Erst dachte ich: Das braucht er nicht zu wissen. Aber ich kann das nicht. Wir sind immer ehrlich zueinander gewesen. Es soll keine Geheimnisse zwischen uns geben. Ich sage es ihm heute Abend. Dann ist es an euch beiden, wie ihr damit umgeht.«

Sie stand auf; blitzschnell streckte ich die Hand nach ihr aus und ergriff ihr Handgelenk.

»Warte«, sagte ich. »Setz dich.«

Ihr Blick wanderte von meiner Hand zu meinem Gesicht.

»Setz dich!«, sagte ich. »Sofort!«

Ich hatte den Barkeeper nicht bemerkt; er stand auf einmal an unserem Tisch.

»Alles in Ordnung hier?«, fragte er.

Mein Sohn kam sehr früh am nächsten Morgen. Es war ein Sonntag; ich saß mit einer Tasse Kaffee, einem Toast mit Erdnussbutter und der Zeitung an unserem Küchentisch, als es klingelte.

Wer kann das zu dieser Zeit bloß sein, hätte mein erster Gedanke sein können, aber ich wusste es schon: dass mein Projekt heute in dieser Herrgottsfrühe zu Ende gehen würde.

Julia schlief noch; während ich die Treppe hinunterging, klingelte es zum zweiten Mal.

»Junge«, sagte ich, nachdem ich die Tür aufgeschlossen hatte.

Ich breitete die Arme aus. Ich erwartete, dass wir einander wie immer mit einer Umarmung begrüßen würden.

»Hast du eigentlich noch alle Tassen im Schrank?«, fragte er ziemlich laut; ich erinnere mich, dass ich vor allem an Julia dachte, dass es sie wecken könnte.

Das war zugleich auch das Letzte, woran ich mich erinnern kann.

Im nächsten Moment lag ich auf der Couch in unserem Wohnzimmer. Julia tupfte mein Gesicht mit einem Waschlappen, eine Schüssel auf dem Schoß – das Wasser darin war dunkelrot.

Mit zusammengekniffenen Augen betrachtete ich sie. Das dachte ich zumindest, dass ich sie mit zusammengekniffenen Augen betrachtete. In Wirklichkeit waren meine beiden Augen so geschwollen, dass ich kaum etwas unterscheiden konnte.

Ich sah, dass Julia geweint hatte – vielleicht weinte sie noch immer ein bisschen.

Und ich spürte auch etwas. Mein Gesicht. Es war eine Art Schmerz, der aus großer Tiefe zu kommen schien. Ein dunkler, wummernder Schmerzpunkt, der aus dem Innersten meines Kopfes an die Oberfläche drängte.

Ich bewegte die Zunge, auch meine Zähne fühlten sich anders an als sonst, vor allem die Vorderzähne. Sie waren zwar noch da, aber sie wirkten irgendwie kürzer und schärfer: Sie taten der Zungenspitze weh.

»Ach, Tom«, sagte meine Frau. »Tom …«

Es gibt Frauen, die sich nicht zufriedengeben mit einem Mann, wie er ist, sondern einen knetbaren Mann wollen. Am Anfang nehmen sie noch mit allem vorlieb, aber in Gedanken sehen sie schon die ideale Version ihres Mannes vor sich. Sie sehen sich Männer an, wie sie sich ein Haus ansehen, an dem noch alles Mögliche gemacht werden muss: Die holzverkleidete Zimmerdecke muss als Erstes dran glauben, die braunen Badezimmerkacheln sind wirklich passé, die Küche ist zu klein und sollte am besten mit dem Wohnzimmer zusammengelegt werden. Noch lässt der Mann den Aschenkegel seiner Zigarette so lang werden, bis er auf den Boden fällt; das ist anfangs noch lustig und rührend, man ist schließlich verliebt, doch dem Aschenkegel wird bald der Garaus gemacht. »Wozu gibt's denn Aschenbecher?« Vielleicht ist es sowieso besser, wenn er nicht im Haus raucht. »Könntest du das in Zukunft auf dem Balkon machen, Liebling? Ich ertrage den Gestank einfach nicht.« Dann ist es nur noch ein kleiner Schritt bis zur Empfehlung, ganz mit dem Rauchen aufzuhören. »Manchmal, wenn du mich küsst, schmeckt es wie ein nasser Aschenbecher.« Seine schlampigen Klamotten, karierten Hemden und schrillen Krawatten waren lustig und rührend, solange sie in ihn verliebt war, aber jetzt ist es an der Zeit, dass er sich wie ein Erwachsener kleidet. Immer öfter kommt sie nach Hause mit Taschen voller Hemden, Hosen, Jacketts. »Das steht dir perfekt! Guck mal in den Spiegel.«

Sie haben Jahre mit Puppen gespielt, sie wissen genau, wie sie dich an- und ausziehen müssen. »Er ist so süß«, sagen sie zu ihren Freundinnen, »aber seine Turnschuhe waren wirklich steinzeitlich. Er hat sie selbst weggeschmissen. Mir zuliebe.«

Unser Geheimnis, Julias und meins, ist auch und vielleicht in erster Linie, dass wir einander nie zu ändern versucht haben. Dass wir nie der Idealfassung des anderen nachgejagt sind.

Deshalb verkniff ich mir auch jede Bemerkung, als meine Frau ein paar Tage nach dem Vorfall mit Stefan ankündigte, sie werde eine Weile zu unserem anderen Sohn, Dennis, in Kanada ziehen.

Zu Dennis, dem Langweiler, dachte ich. In dem zweifellos ebenso langweiligen Kanada.

»Wie lang bleibst du fort?«, fragte ich sie am selben Abend vorsichtig.

»Ich weiß es nicht, Tom«, sagte sie. »Ich habe ein Open-Return-Ticket gekauft. Ich schau mal. Vielleicht ein paar Wochen. Vielleicht auch ein paar Monate.«

Wie willst du es da so lange aushalten?, hätte ich fragen können, ließ es aber bleiben. Inzwischen hat sich mein Urteil über Langeweile geändert, über ihre Vorteile, meine ich. Ich hatte mir sogar schon einen Titel für ein Buch ausgedacht: *Das Recht auf Langeweile.*

Ich dachte an unseren ältesten Sohn. An Dennis. Vielleicht war er ja so weit weggezogen, um mich auf Distanz zu halten.

Dieser Gedanke wurde noch dadurch verstärkt, dass Stefan einige Tage später verkündete, er würde demnächst mit seiner Familie nach Australien auswandern.

Ich hörte es von meiner Frau. Auf seinen Wunsch hin hatten sie sich in der Stadt getroffen, und da hatte er es ihr gesagt.

»Vielleicht gar keine schlechte Idee«, sagte ich. »Australien ist ein großes Land, da kann er sie verdreschen, so viel er will, und keiner merkt es.«

Julia sah mich an, sie hatte Tränen in den Augen.

»Kapierst du denn wirklich gar nichts?«, fragte sie.

Ein paar Monate später machten sich Stefan und Hanna mit den Kindern auf den Weg nach Australien. Da wohnte Julia schon einige Zeit bei Dennis in Kanada.

Einen richtigen Abschied gab es nicht; mir war auch nicht danach. Als ich meine Frau neulich am Telefon hatte, sagte sie wieder, sie wisse nicht, wie lange sie fortbleiben würde.

»Ich habe mir überlegt, vielleicht besuche ich von hier aus Stefan«, sagte sie. »Das ist praktischer, als wenn ich erst nach Hause fliege.«

»Na klar«, sagte ich.

Ich fragte sie nicht, wie lange das alles dauern würde und wann sie wieder nach Hause käme. Ich habe meiner Frau immer freie Hand gelassen. Mein Gefühl sagte mir, dass ich sie nicht drängen durfte.

Aber anders war es schon. Früher, wenn sie allein oder mit Freundinnen verreiste und ein paar Wochen weg war, erkundigte sie sich immer, wie es mir ging und ob ich auch zurechtkam.

Sie ist jetzt schon ungefähr drei Monate in Kanada, aber in der ganzen Zeit hat sie sich kein einziges Mal nach mir erkundigt.

Manchmal ziehe ich mich ins Bad neben unserem Schlafzimmer zurück und betrachte mich im Spiegel. Mein linkes Auge ist anders als früher, es sieht so aus, als hätte sich der Außenwinkel um ein paar Millimeter gesenkt, und der Bluterguss von damals ist nie wieder ganz verschwunden.

Meine Schneidezähne sind jetzt Stiftzähne – von echten nicht zu unterscheiden.

Vielleicht war es dies alles wert, denke ich oft. Es ist viel passiert. Vieles hat sich geändert. Wenn ich an meine Söhne denke, hoffe ich für sie, dass sie beide auf ihre Art glücklich sind. Ich denke dabei oft auch an die heilsame Wirkung der Zeit.

Dann lächle ich meinem Spiegelbild zu, meinen neuen Zähnen, meinem abgesunkenen Auge.

»Ich will heim«, sage ich.

Einfach leben

1 Versuche, Probleme nicht immer zu lösen, indem du an sie denkst; oft lösen sie sich von allein.
2 Verzeih dem anderen; verzeih dir selbst; beglückwünsche dich selbst.
3 Lass die Zeit für dich arbeiten: Manches ist schon am nächsten Morgen weniger schlimm; nach einer Woche weißt du schon nicht mehr, was so schlimm daran gewesen ist.
4 Vermeide, wenn irgend möglich, einzugreifen; oft wird etwas erst zu einem Problem, wenn man es benennt.
5 Stell keine Listen auf; nichts ist wichtig genug, um auf einer Liste zu stehen.
6 Versuche nicht, jemanden zu ändern, auch dich selbst nicht.
7 Frage dich, ob deine »schlechten« Eigenschaften wirklich so schlecht sind; frage dich, was deine Persönlichkeit verliert, wenn du diese Eigenschaften zu unterdrücken versuchst.
8 Warte nicht, bis das Leben beginnt; denke alles weg, was in der Zukunft liegt.
9 Sei ein zufriedener Mensch; die Unzufriedenen verlieren vor allem viel Zeit.
10 Verschiebe auf morgen, was du heute noch besorgen könntest; lass dir durch einen Stapel schmutziges Geschirr kein schlechtes Gewissen machen.
11 Das Leben beginnt heute.

Verlag Kiepenheuer & Witsch, FSC® N001512

1. Auflage 2019

Titel der Originalausgabe: *Makkelijk leven*

Die Originalausgabe erschien 2017
bei Stichting CPNB

Aus dem Niederländischen von Christiane Kuby und Herbert Post

Umschlaggestaltung: Rudolf Linn, Köln
Umschlagmotiv: © vpif / stock.adobe.com
Gesetzt aus der Albertina
Satz: Buch-Werkstatt GmbH, Bad Aibling
Druck und Bindung: GGP Media GmbH, Pößneck
ISBN 978-3-462-05210-7

KiWi
herman koch
der graben
roman

KiWi

Weitere Titel von Herman Koch bei Kiepenheuer & Witsch

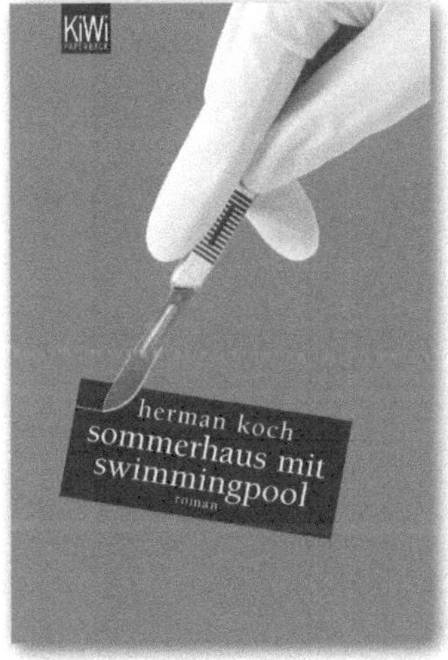